Collana libri per le scuole
1.

Impariamo l'italiano a Tropea...

Brevi cenni d'italiano
per stranieri
che studiano a Tropea...

di Giuseppe Meligrana e
Antonio Libertino

M.G.E.

MELIGRANA GIUSEPPE EDITORE

© Meligrana Giuseppe Editore, 2007
© Antonio Libertino

All rights reserved. Without limiting the rights under copyright reserved above, no part of this publication may be reproduced, stored in or introduced into a retrieval system, or transmitted, in any form, or by any means (electronic, mechanical, photocopying, recording, or otherwise) without the prior written permission of both the copyright owner and the above publisher of this book.

Libertino, Antonio, 1976-; Meligrana, Giuseppe, 1982-
Impariamo l'italiano a Tropea: Brevi cenni d'italiano per stranieri che studiano a Tropea...

ISBN: 978-88-95031-07-1

1. Learn Italian (Foreign languages instruction)
2. Touristic guide   3. Phrasebook

Printed in the United States of America

Indice

Premessa, 7
L'alfabeto di Tropea, 9
Conosciamo gente a Tropea, 10
I numeri di Tropea, 11
Al mare a Tropea, 12
I sostantivi, 13
Al market a Tropea, 14
Gli articoli indeterminativi, 15
A casa tua a Tropea, 16
Gli articoli determinativi, 17
Nella tua stanza a Tropea, 18
Allo stadio di Tropea, 19
Il presente, 20
Che ora è?, 22
Presentarsi e invitare, 23
Conosci Tropea?, 24
A me piace, 25
Le vie di Tropea, 26
Cosa c'è a Tropea?, 27
La polizia a Tropea, 28
Gli aggettivi, 29
Come è per te Tropea?, 30
E tu come sei?, 31
Il clima a Tropea, 32
Come sono le persone di Tropea?, 33
Colazione a Tropea, 34
La mattina a Tropea, 35
All'agenzia di viaggi, 36

Le preposizioni, 37
Le preposizioni articolate, 39
I verbi riflessivi, 40
A Tropea quante volte lo fai?, 41
Numeri ordinali, date e giorni, 42
Al telefono, 43
Il passato prossimo, 44
Che lavoro fai?, 48
A pranzo a Tropea, 49
Il pomeriggio a Tropea, 50
All'ospedale di Tropea, 51
I pronomi personali, 52
Un po' di storia di Tropea, 54
I proverbi più famosi di Tropea, 55
E tu...Come sei fatto/a?, 56
Vestiamoci a Tropea, 57
Cena a Tropea, 58
La sera a Tropea, 59
I personaggi famosi di Tropea, 60
I possessivi, 61
A scuola a Tropea, 62
Dov'è Tropea?, 63
I dintorni di Tropea, 64
Alla stazione dei treni di Tropea, 67
Beviamo qualcosa a Tropea, 68
Dal giornalaio a Tropea, 69
Il futuro, 70
Di che segno sei?, 72
I comparativi e i superlativi, 73
Un po' di storia calabrese, 75
Conosci la Calabria?, 76
L'imperativo, 77
I piatti di Tropea: gli antipasti, 79
I piatti di Tropea: i primi, 80
I piatti di Tropea: i secondi, 81
I piatti di Tropea: i contorni, 82
I piatti di Tropea: i dolci, 83

Un po' di espressioni comuni, 84
Animali a Tropea, 85
L'arte a Tropea, 86
Il paesaggio di Tropea, 87
Scrivi una cartolina da Tropea, 88
I pronomi relativi, 89
Chi ce l'ha questo?, 90
Alla Pro Loco di Tropea, 91
Oggi a Tropea è festa, 92
Le costruzioni verbali, 93
In banca a Tropea, 95
Turisti a Tropea, 96
Amare e litigare a Tropea, 97
In hotel, 98
Il condizionale, 99
All'aeroporto di Lamezia Terme, 101
Torno a casa, 102
Vuoi continuare a imparare l'italiano?, 103
Soluzioni, 104
Gli autori, 107
Altri libri, 108

Premessa

Carissimo lettore,

Grazie mille per aver comprato questo libro che noi due, Antonio e Giuseppe, abbiamo scritto pensando proprio a te. Sì, proprio a te, che stai leggendo queste righe! Se sei già stato a Tropea, su queste pagine avrai la possibilità di ricordarti le belle esperienze che ci hai vissuto. Se non sei ancora stato a Tropea, qui potrai scoprire la perla della Calabria e i suoi dintorni. Al tempo stesso potrai rinfrescare il tuo italiano con i tanti testi, dialoghi ed esercizi che troverai nelle prossime pagine.

Questo libro vuole svolgere tre funzioni:

1)farti conoscere o ricordare le bellezze di Tropea e dintorni;
2)essere una piccola grammatica con gli argomenti iniziali della lingua italiana;
3)essere una piccola guida alla conversazione grazie a dialoghi semiautentici e divertenti, nati dalla nostra fantasia.

Come puoi usare questo libro?

Abbiamo scritto queste pagine pensando a un fattore molto importante: il tempo, una risorsa di cui oggi tutti noi, abbiamo sempre meno. Per questo troverai delle lezioni brevi a cui potrai dedicarti ogni volta che avrai qualche minuto. Come per tutte le cose, ricorda che fare poco e spesso è sempre meglio che fare tanto e in poco tempo. Perciò, caro lettore, avrai più risultati usando questo libricino per quindici minuti al giorno, piuttosto che leggendolo tutto in una volta o per quattro ore di seguito. Puoi seguire il libro dall'inizio alla fine, oppure puoi scegliere un argomento nell'indice e andare direttamente a quello che più ti interessa. E ricorda che è disponibile l'audio gratuito del libro da ascoltare direttamente sul tuo Ipod.

Puoi scaricarlo gratuitamente da questi link:
http://podiobooks.com/title/impariamo-litaliano-a-tropea/
http://itunes.apple.com/podcast/id563112617
Ci auguriamo che tu possa divertirti come e più di quanto noi ci siamo divertiti a scrivere questo libro che parla della nostra amatissima Tropea.

Antonio Libertino
info@italianoinitalia.com
www.italianoinitalia.com

Giuseppe Meligrana
info@meligranaeditore.com
www.meligranaeditore.com

L'alfabeto di Tropea

Usa le parole più conosciute a Tropea per imparare l'alfabeto italiano. Domanda in giro, come negli esempi, e rispondi.

Esempi:
Che cos'è l'Annunziata? L'Annunziata è una chiesa.
Che cosa sono i Fileja? I Fileja sono un tipo di pasta tipica locale.

A: l'Annunziata _chiesa_	B: il Borgo	C: la cipolla rossa
D: il Duomo	E: le Eolie	F: i fileja _pasta tipica locale_
G: i Gesuiti	H: Hercules	I: l'Isola
L: 'LA PIAZZA'	M: la Michelizia	N: la 'nduja
O: l'ogliata	P: il Poro	Q: i quadri
R: il Rosario	S: lo Stromboli	T: i 'tri da cruci'
U: gli ulivi	V: i vicoli	Z: le zeppole

Se non sai qualcosa, chiedi a qualche amico tropeano!
COME SI DICE *"LOVE"* IN ITALIANO? SI DICE *"AMORE"*!
Che cosa significa *"ridere"*?
Come si scrive *"chiacchierare"*? C-H-I-A-C-C-H-I-E-R-A-R-E

Conosciamo gente a Tropea

Alcune domande per fare conoscenza. Va' a conoscere qualcuno e scrivi le sue risposte sul tuo quaderno.

Come ti chiami?_____
Qual è il tuo cognome?_____
Di dove sei? _____
Da quale regione / città vieni?_____
Quanti anni hai?_____
In che anno sei nato (nata)? _____
Parli bene l'italiano?_____
Parli inglese?_____
Quali altre lingue conosci?_____
Da quanto tempo sei a Tropea?_____
Quanto ti fermi?_____
Dove abiti a Tropea?_____
Sei stato (stata) qui altre volte?_____
Che lavoro fai?_____
Che cosa studi?_____
Cosa fai nel tuo tempo libero?_____
Che sport pratichi? _____
Ti piace il cinema?_____
Quali sono i tuoi film preferiti?_____
Ti piace il teatro?_____
Ti piace ballare?_____
Che musica ascolti?_____
Cosa fai stasera?_____
Cosa fai domani?_____

I numeri di Tropea

Impara i numeri in italiano. Ogni numero ha un significato legato alla storia e alla cultura di Tropea.

0 – **zero:** come il livello del nostro bellissimo mare!
1 – **uno:** il numero che ha Tropea in Calabria, tra le località turistiche!
2 – **due:** come i moli del porto!
3 – **tre:** come le fontane del Corso!
4 – **quattro:** i km della costa di Tropea!
5 – **cinque:** il numero degli affacci panoramici in centro!
6 – **sei:** i km tra Parghelia e Santa Domenica!
7 – **sette:** le principali spiagge di Tropea!
8 – **otto:** gli accessi pubblici per la marina!
9 – **nove:** a Settembre, il giorno della festa della Madonna di Romania!
10 – **dieci:** i principali Hotel nel comune di Tropea!
11 – **undici:** il numero dei giocatori titolari del Tropea Calcio!
12 – **dodici:** l'ora in cui qui è tradizione pranzare!
13 - **tredici:** il numero che in Italia è considerato fortunato!
14 – **quattordici:** gli stabilimenti balneari nelle spiagge di Tropea!
15 – **quindici:** ad Agosto, il giorno della festa della Madonna dell'Isola!
16 – **sedici:** il numero delle chiese di Tropea!
17 – **diciassette:** il numero che qui è considerato sfortunato!
18 – **diciotto:** le zone (i quartieri) in cui è divisa Tropea!
19 – **diciannove:** a Marzo, il giorno della festa di S. Giuseppe!
23 – **ventitré:** a Marzo, il giorno della fiera dell'Annunziata!
51 – **cinquantuno:** l'altezza in metri della rupe di Tropea!
59 – **cinquantanove:** la distanza in km da Stromboli!
1.000 – **mille:** i metri di distanza dalla Stazione all'affaccio del Corso!
7.000 – **settemila:** il numero dei tropeani (circa)!

Sei bravo con i conti?

Quanto fa _due_ + (più) _cinque_ ? _Due_ + (più) _cinque_ fa _sette_!
Quanto fa _____ - (meno) _____? _____ - (meno) _____ fa _____!
Quanto fa _____ x (per) _____? _____ x (per) _____ fa_____
Quanto fa _____ ÷ (diviso)_____? _____ ÷ (diviso) _____ fa _____!

Al mare a Tropea

Leggi e interpreta il dialogo tra Claudia (una svedese che studia a Tropea e che si trova in spiaggia) e Alex (un ragazzo di Tropea a cui Claudia piace molto).

Claudia è sdraiata su un lettino in spiaggia, quando Alex va da lei...

A.: Ciao Claudia, facciamo il bagno insieme?
C.: Non so. Com'è l'acqua? Calda o fredda?
A.: È calda. Dai, vieni! Così dopo giochiamo a beach-volley...
C.: Ok! Vengo, però devi controllare se ci sono meduse o squali!
A.: Claudia, a Tropea non ci sono squali! Non c'è alcun pericolo a fare il bagno qui: non ci sono né correnti, né maree, né inquinamento...
C.: Ehi, guarda lì, c'è una moto d'acqua! Chissà se l'affittano! Facciamo un giro, Alex?
A.: No Claudia, non mi piace! Preferisco noleggiare una barca. Possiamo farlo domani, così ti porto a pescare e, se vuoi, possiamo fare anche un po' di sci nautico o un'immersione al largo.
C.: No, Alex. Domani non posso; devo andare a scuola di catamarano e poi devo fare un po' di wind surf! Ma se vuoi, dopodomani andiamo insieme all'Acquapark! Voglio proprio andarci!
A.: Ok Claudia! Dopodomani ci andiamo! Ma adesso... In acqua!

Individua tutti i "sostantivi" che trovi nel dialogo e sottolinea con due linee quelli maschili e con una linea quelli femminili. Non sai cosa sono i "sostantivi"? Leggi il prossimo paragrafo!

I sostantivi

Impara la regola generale per capire il genere (maschile o femminile) e il numero (singolare o plurale) dei sostantivi.

	maschile	femminile
singolare	un ragazz**o** un fior**e***	una ragazz**a** una nav**e***
plurale	due ragazz**i** due fior**i**	due ragazz**e** due nav**i**

*Alcuni nomi che finiscono in –e sono maschili (fiore, mare), altri femminili (nave, neve). Bisogna guardare sempre sul dizionario per capire se sono maschili o femminili!

Eccezioni importantissime
Sono **maschili**:
un problema, due problemi;
un programma, due programmi.
Sono **femminili**:
una mano, due mani;
una radio, due radio.

Indica se i sostantivi sono maschili (M) o femminili (F).
(Soluzioni a pag. 104)

1. mare: _M_ 2. ombrellone: ____ 3. telo: ____ 4. sabbia: _F_ 5. cuoco: ____
6. cucina: ____ 7. forchetta: ____ 8. piatto: ____ 9. pianta: ____
10. albero: ____ 11. tavolo: ____ 12. quaderno: ____ 13. sale: ____ 14. pepe: ____
15. aceto: ____ 16. pasta: ____ 17. rosa: ____

Al market a Tropea

Leggi e interpreta il dialogo tra Dolores (una spagnola che studia a Tropea e che va a fare la spesa) e Fabio il commesso di un market di Tropea.

Dolores deve comprare molta roba... Stasera ha organizzato una festa e ha molti invitati!

D.: Ciao Fabio!
F.: Ciao Dolores! Prego, dimmi tutto!
D.: Fabio, devo comprare un sacco di cose: la carne, il pesce, la frutta! Devo fare una festa stasera! Puoi aiutarmi?
F.: Certo Dolores! Ti aiuto io, non ti preoccupare. Qui trovi tutto quello che ti serve e i prezzi sono i migliori di Tropea!
D.: Vorrei un chilo di pane, 2 chili di banane, un pacco di spaghetti, un etto di prosciutto cotto, 400 grammi di carne macinata, 250 grammi di parmigiano e una confezione di cozze surgelate. Ah...e poi vorrei anche un chilo di arance, uno di mele e uno di pesche, 4 bottiglie di vino rosso per la 'sangria' e 6 lattine di birra.
F.: Ecco qui! Desideri altro o siamo a posto così?
D.: No, siamo a posto così, grazie! Quant'è in tutto?
F.: Sono 20 €. Grazie!
D.: Quanto? Tutto? Ma sei sicuro? È veramente economico!
F.: Lo so, te l'ho detto! I nostri prezzi sono i migliori di tutta Tropea. Buona serata e buon divertimento per la festa!
D.: Grazie! Senti, se vuoi, vieni anche tu... Mi farebbe molto piacere!
F.: Perché no? Ci vengo molto volentieri.
D.: Bene! Vieni alle 9:00 a casa mia! Tu sai dov'è! A stasera!

Individua tutti i "gli articoli" che trovi nel dialogo e sottolinea con due linee quelli determinativi e con una linea quelli indeterminativi. Non sai cosa sono gli "articoli"? Leggi il prossimo paragrafo!

Gli articoli indeterminativi

Impara le regole grammaticali sugli articoli indeterminativi.

	maschile	femminile
singolare	un ragazzo uno zaino un amico	una ragazza un'amica**
Plurale*	dei ragazzi degli zaini degli amici	delle ragazze delle amiche

* Al plurale al posto degli articoli indeterminativi si usa il partitivo "de-" con il significato di "un po' di".
** Se il sostantivo femminile comincia per vocale (a - e - i - o - u) si usa l'apostrofo (un'americana, un'elefantessa, un'isola).

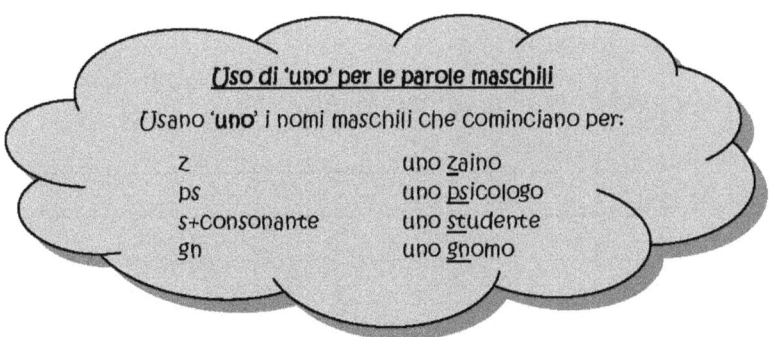

Uso di 'uno' per le parole maschili

Usano 'uno' i nomi maschili che cominciano per:

z — uno zaino
ps — uno psicologo
s+consonante — uno studente
gn — uno gnomo

Inserisci gli articoli indeterminativi.
(Soluzioni a pag. 104)

1.____strada 2.____pietra 3.____zaino 4.____studente 5.____cane
6.____stazione 7.____treno 8.____sedia 9.____onda 10.____foglio
11.____macchina 12.____maschera 13.____lettore mp3

A casa tua a Tropea

Vai su Google images e trova questi oggetti. Rispondi alle domande come nell'esempio.

Esempio:
- A casa tua, a Tropea, ce l'hai una sedia?

-Sì, ce l'ho!
-No, non ce l'ho!

una sedia, un acquario, un telefono, un televisore, una radio, un computer, un pianoforte, un aspirapolvere, un accendino, un forno, un sigaro, un lettore dvd, un tappeto, una stampante, una padella, una scopa, un martello, uno stereo, un'aspirina, una lavatrice, una lavastoviglie, una pianta, un ferro da stiro, un armadio, un letto, una vasca, un poster, un frigorifero, un tavolo, un comodino, uno specchio, una sedia, una libreria, un ombrellone, un appendipanni, un sofà

Metti ora gli oggetti nelle varie stanze.

Esempio:
In cucina ho una padella e quattro sedie.

In cucina ho: _____
In terrazza ho: _____
In salotto ho: _____
Nel corridoio ho: _____
In cantina ho: _____
In soffitta ho: _____
Nel ripostiglio ho: _____
Nella stanza da letto ho: _____

Gli articoli determinativi

Impara le regole grammaticali sugli articoli determinativi.

	maschile	femminile
singolare	il ragazzo lo zaino l' amico*	la ragazza l'amica**
plurale	i ragazzi gli zaini gli amici	le ragazze le amiche

* Se il sostantivo maschile comincia per vocale (a - e - i - o - u) si usa l'apostrofo (l'amico, l'elefante); al plurale si usa "gli" (gli amici, gli elefanti).
** Se il sostantivo femminile comincia per vocale si usa l'apostrofo (l'americana, l'isola); al plurale si usa "le" (le amiche, le isole).

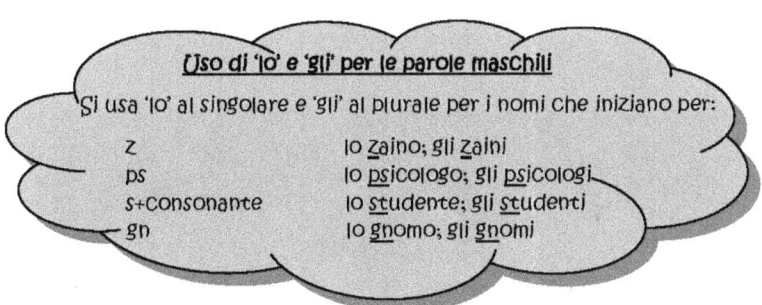

Uso di 'lo' e 'gli' per le parole maschili
Si usa 'lo' al singolare e 'gli' al plurale per i nomi che iniziano per:

z — lo zaino; gli zaini
ps — lo psicologo; gli psicologi
s+consonante — lo studente; gli studenti
gn — lo gnomo; gli gnomi

Inserisci gli articoli determinativi.
(Soluzioni a pag. 104)

1.____cosa 2.____uomo 3.____mano 4.____piede 5.____naso 6.____pollo
7.____gamba 8.____occhi 9.____ponte 10.____aiuola 11.____strada
12.____viale 13.____binario 14.____corsia 15.____bivio

Nella tua stanza a Tropea

Siediti sul letto. Usa le espressioni qui sotto e, con l'aiuto di un dizionario, descrivi cosa c'è e come è fatta la tua stanza.

Esempio:
Iniziando da destra c'è un quadro alla parete.

iniziando da destra / sinistra c'è... sul muro c'è...a destra c'è...a sinistra c'è...nei cassetti ci sono...sul soffitto c'è...dalla finestra si vede...sul comodino ci sono...sulla sedia ci sono...nell'armadio ci sono...in alto c'è...in basso c'è...sotto il letto ho...sul tavolo ci sono...

Ti manca la tua stanza?
Scrivi cosa ti manca di più della tua stanza.

Esempio:
Qui a Tropea non ho_____e mi manca tanto.

Allo stadio di Tropea

Leggi e interpreta il dialogo tra Ferdinand, Martin (due svizzeri che studiano italiano e che vanno allo stadio per vedere una partita di calcio del Tropea) e alcuni tifosi del Tropea.

Ferdinand e Martin stanno vedendo una partita del Tropea, quando iniziano a discutere con alcuni tifosi locali...

F.: Il Tropea non gioca benissimo!
T.: Ehi ragazzi, avete qualcosa da dire sulla nostra squadra?
M.: No ragazzi, niente da dire! Non vi scaldate! Solo un giudizio tecnico... Noi tifiamo per il Tropea... Siamo svizzeri!
T.: Ah... svizzeri... Visto che siete così esperti di calcio, perché domani non facciamo una partita in spiaggia, 2 contro 2: Italia - Svizzera!
F.: No, ragazzi! Noi non giochiamo bene a calcio! Noi facciamo pallavolo, basket, tennis, sci, corsa, baseball, judo ... Ma il calcio proprio no!
T.: Accidenti, siete proprio sportivi in Svizzera... Noi qui a Tropea non abbiamo molte strutture per fare sport... Solo calcio, pallavolo, karatè e ... e basta!
M.: Si, abbiamo visto che non avete tanti impianti sportivi! È un vero peccato perché molti turisti amano fare sport in vacanza. Comunque, ci abbiamo ripensato. La partita a calcio la facciamo lo stesso domani: lo sport serve a divertirsi!

Individua e sottolinea tutti i verbi al "presente". Non sai cos'è il "presente"? Leggi il prossimo paragrafo!

Il presente

Impara il presente indicativo dei verbi più importanti!

essere
(io) sono
(tu) sei
(lui/lei/Lei) è
(noi) siamo
(voi) siete
(loro) sono

avere
(io) ho
(tu) hai
(lui/lei/Lei) ha
(noi) abbiamo
(voi) avete
(loro) hanno

Verbi in "-are"
amare
(io) amo
(tu) ami
(lui/lei/Lei) ama
(noi) amiamo
(voi) amate
(loro) amano

Verbi in "-ere"
leggere
(io) leggo
(tu) leggi
(lui/lei/Lei) legge
(noi) leggiamo
(voi) leggete
(loro) leggono

Verbi in "-ire"
dormire
(io) dormo
(tu) dormi
(lui/lei) dorme
(noi) dormiamo
(voi) dormite
(loro) dormono

Per ricordarli più velocemente:

- Per 'io' il verbo finisce sempre con '-o'
- Per 'tu' sempre con '-i'
- Per 'noi' sempre con '-iamo' che suona quasi come 'io amo'
- Per 'voi' sempre con '-te' e con la vocale dell'infinito
- Per loro sempre con '-no'

Il presente di alcuni verbi irregolari frequenti...

andare
(io) vado
(tu) vai
(lui/lei/Lei) va
(noi) andiamo
(voi) andate
(loro) vanno

venire
(io) vengo
(tu) vieni
(lui/lei/Lei) viene
(noi) veniamo
(voi) venite
(loro) vengono

tenere
(io) tengo
(tu) tieni
(lui/lei/Lei) tiene
(noi) teniamo
(voi) tenete
(loro) tengono

fare
(io) faccio
(tu) fai
(lui/lei/Lei) fa
(noi) facciamo
(voi) fate
(loro) fanno

dare
(io) do
(tu) dai
(lui/lei/Lei) dà
(noi) diamo
(voi) date
(loro) danno

stare
(io) sto
(tu) stai
(lui/lei/Lei) sta
(noi) stiamo
(voi) state
(loro) stanno

potere
(io) posso
(tu) puoi
(lui/lei/Lei) può
(noi) possiamo
(voi) potete
(loro) possono

volere
(io) voglio
(tu) vuoi
(lui/lei/Lei) vuole
(noi) vogliamo
(voi) volete
(loro) vogliono

dovere
(io) devo
(tu) devi
(lui/lei/Lei) deve
(noi) dobbiamo
(voi) dovete
(loro) devono

uscire
(io) esco
(tu) esci
(lui/lei/Lei) esce
(noi) usciamo
(voi) uscite
(loro) escono

dire
(io) dico
(tu) dici
(lui/lei/Lei) dice
(noi) diciamo
(voi) dite
(loro) dicono

bere
(io) bevo
(tu) bevi
(lui/lei/Lei) beve
(noi) beviamo
(voi) bevete
(loro) bevono

Che ora è?

Impara ad usare l'orologio in italiano. Usa le seguenti espressioni.

Scusa, che ora è/ che ore sono? [informale]
Scusi, che ora è/ che ore sono? [formale]

10:00 Sono le dieci.
8:20 Sono le otto e venti.
22:15 Sono le dieci e un quarto.
9:30 Sono le nove e mezza (=mezzo).
16:45 Sono le cinque meno un quarto.
1:00 E' l'una.
1:15 E' l'una e un quarto.
1:30 E' l'una e mezza (=mezzo).
12:00 E'mezzogiorno.
24:00 E' mezzanotte.

Scopri le abitudini dei tropeani! Chiedi in giro e scrivi le risposte sul tuo quaderno.

A che ora si pranza/ si cena di solito a Tropea?

Es.: *Di solito a Tropea si pranza all'una. Di solito a Tropea si cena alle otto.*

Verso che ora si esce solitamente la sera a Tropea?
Verso che ora sorge / tramonta il sole a Tropea in estate?
Verso che ora sorge / tramonta il sole a Tropea in inverno?

Usa queste espressioni per chiedere se...

È presto? Sono in anticipo?
È tardi? Sono in ritardo?

Presentarsi e invitare

Le conosci già? Espressioni per presentarsi, invitare e salutare.

ciao / salve/buongiorno / buonasera /buonanotte / buona giornata / buona serata / buon lavoro / buon viaggio / buone vacanze / buon fine settimana / buon appetito / buona permanenza

come va? / come stai? [informale] come sta? [formale]

benissimo / molto bene/ bene / abbastanza bene / bene, grazie. e tu? [informale]/ e Lei? [formale]/così così / insomma / non c'è male

posso presentarmi?/ mi chiamo

come, scusa? [informale] come scusi? [formale] / non ho capito,puoi ripetere? [informale] / può ripetere [formale]/ non ho capito niente! / puoi parlare più piano per favore? / me lo puoi scrivere?

vieni a casa mia? [informale]/ viene a casa mia? [formale]c'è una festa / dai, vieni anche tu! [informale] / venga anche lei [formale]

no, grazie / no, purtroppo ho un altro impegno / grazie, ma non posso accettare forse, vengo / ora non so / si, grazie / certo che ci vengo / è molto gentile da parte tua invitarmi [informale] / è molto gentile da parte Sua invitarmi/ dove è casa tua? /dov'è casa Sua? / come ci arrivo?

ALLA FESTA

vieni, accomodati [informale] / venga, si accomodi [formale] / grazie per l'ospitalità

hai fame? / hai sete? hai freddo? / hai paura? hai fretta? / hai sonno? hai caldo? / si, ne ho / no, non ne ho

cin cin / salute /

purtroppo ora devo andare / grazie per l'invito / mi sono divertito un sacco /e' stato un piacere conoscerti / arrivederci / a domani / a presto / a più tardi / alla prossima volta / salutami Tiziana / ti auguro tante buone cose

Conosci Tropea?

Abbina le immagini ai nomi della lista. Se non li conosci, chiedi in giro e scopri i luoghi più belli di Tropea. (Soluzioni a pag. 104)

l'Isola: _____

il Duomo: _____

le Roccette: __3__

le 3 fontane: _____

le Mura: _____

il Cannone: _____

la Madonna: _____

la Michelizia: _____

Cosa ti piace di più?

1._____ 2._____ 3._____

Fai queste domande:

Dov'è …? – Dove sono…?
A quale secolo risale… / risalgono…?

Di che stile è… / sono…?
Dove si trova… / trovano…?

A me piace....

Di' a un tuo amico cosa ti piace. Usa queste espressioni.

Ti piace...?
* Si, ...mi piace molto
* No, ...non mi piace tanto

A te piace...?
* Si, a me ... un po' piace
* No, a me .... non piace per niente! Preferisco...

Ti piacciono...?
* Si, mi piacciono tanto...
* No, non mi piacciono tantissimo...

A te piacciono ...?
* Si, a me piacciono abbastanza
* No, a me non piacciono ...! Preferisco...

A me piace tanto... / A me non piace per niente...
Sottolinea cosa ti piace fare, poi parlane con un tuo amico.

andare al mare / andare in montagna / andare al cinema / mangiare / bere / passeggiare / fare sport / viaggiare / parlare / uscire la sera / fumare / volare / fare amicizia / guardare la tv / studiare / leggere / dormire / dipingere

Le vie di Tropea

Fai un giro in centro a Tropea. Completa la cartina, guardala bene e rispondi alle domande.

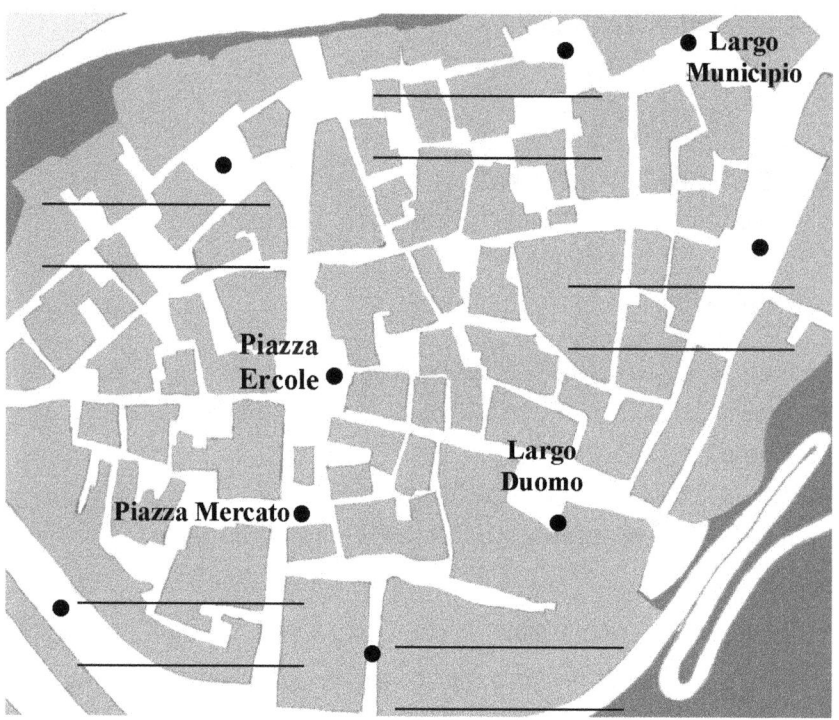

Dove si trova la Cattedrale di Tropea?
Dov'è il Comune di Tropea?
Dov'è la statua di Galluppi?
Dove si trovano le tre fontane?

Cosa c'è a Tropea?

Chiedi un po' in giro e rispondi alle seguenti domande per scoprire cosa offre Tropea.

A Tropea c'è un ospedale?
Tropea ha un ristorante cinese?
A Tropea c'è una discoteca?
Tropea ha un cinema?
A Tropea ci sono piste ciclabili?
A Tropea c'è un porto?
A Tropea c'è un teatro?
Tropea ha un pub?
A Tropea ci sono dei campi da tennis?
A Tropea c'è una biblioteca?

Di cosa hai bisogno a Tropea?

Completa le frasi indicando cosa non hai trovato a Tropea.

A Tropea non c'è _____ e io ne ho bisogno.
Ho bisogno di _____! C'è a Tropea?
A Tropea c'è un _____? Ne ho bisogno!
Per stare bene qui ho bisogno di _____!
Avrei bisogno di _____! È possibile trovarlo qui?

La polizia a Tropea

Leggi e interpreta il dialogo tra Paulo (un portoghese che ha noleggiato un'auto) e un poliziotto di Tropea. Alla fine rispondi alla domanda.

Paulo sta facendo un giro a Tropea con l'automobile, ma viene fermato ad un posto di blocco della polizia...

P.: Buongiorno. Documenti, grazie.
Pa.: Buongiorno a Lei, agente. Cosa Le serve? Io sono portoghese; sono a Tropea per studiare.
P.: Passaporto, patente e libretto della macchina. Per cortesia.
Pa.: Ecco a Lei.
P.: Grazie, aspetti un attimo.
Pa.: Prego! Va bene, aspetto qui.
P.: Scusi, ma la patente è scaduta da 2 mesi. Lei non può guidare. Ha qualcosa da dichiarare?
Pa.: No, non ho niente da dichiarare. Non me ne sono accorto che la patente è scaduta. Mi farà una multa?
P.: Certo: sono 120 €! E domani alle 9:00 deve venire all'ufficio della polizia, per riprendere la patente che Le ritiro. Sa dov'è?
Pa.: Si, lo so. Ma perché me la ritira?
P.: Dobbiamo fare dei controlli su di Lei per vedere se è a posto! Ecco gli altri documenti. Ora deve riportare la macchina al noleggio! E domani alla polizia deve venire a piedi! Arrivederla.
Pa.: Arrivederla agente. È stato molto gentile...

Perché Paulo deve pagare 120 € di multa?

Gli aggettivi

Guarda le nuvole e scopri i diversi tipi di aggettivi italiani.

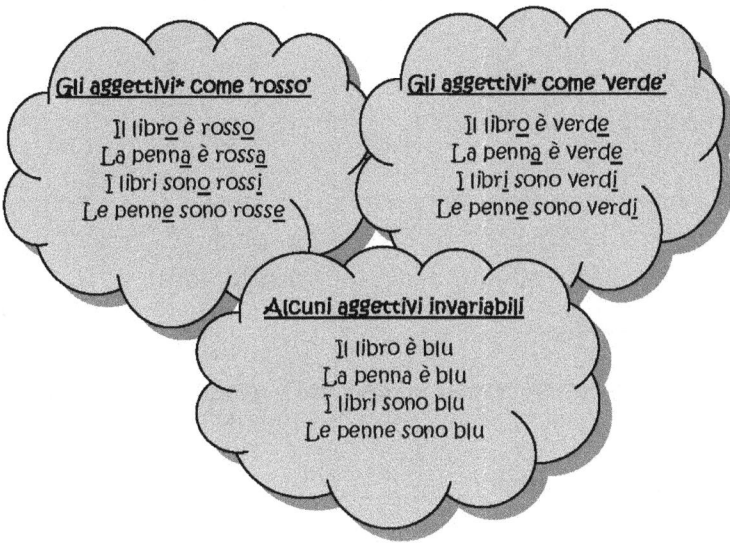

* Normalmente tutti gli aggettivi sono o come "rosso" ("bello", "brutto") o come "verde" ("gentile", "intelligente").

Metti i seguenti aggettivi al posto giusto. (Soluzioni a pag. 104)

carina - invidiose - simpatica - bello – interessante - cattivo – sporchi - antipatiche - limpida - inquinati – feroce

1. Il mare di Tropea è _____ e l'acqua è _____!
2. Alcuni mari sono _____ e _____!
3. Corinne è _____ e _____!
4. Luisa e Paola sono _____ e _____!
5. Il libro che mi hai prestato è veramente _____!
6. Quel dobermann è molto _____ e _____!

Come è per te Tropea?

Descrivi Tropea usando i seguenti aggettivi.

Esempi:
Per me Tropea è bella.
Per me Tropea non è brutta.

bella / brutta / antica / moderna / silenziosa / rumorosa / pulita / sporca / ricca / povera / tranquilla / pericolosa / calda / fredda / accogliente / inospitale / ordinata / disordinata / altro:
_____

Descrivi come è la tua città e parlane con qualcun-o/a.

La mia città si chiama _____ e per me è…

Fai un breve riassunto! Scrivi com'è per te Tropea: cosa ti piace, cosa non ti piace e perché.

Es.: *Di Tropea mi piace...*
Di Tropea non mi piace...

_____
_____
_____
_____
_____
_____

Leggi il riassunto a qualcun-o/a e confronta il tuo testo col suo. Usa le espressioni: "sono / non sono d'accordo con te, perché…!"

E tu come sei?

Descriviti usando gli aggettivi della lista.

Esempi: *(Io) sono (un po') <u>basso</u> / (Io) non sono (per niente) <u>grasso.</u>*

magro-a/ grasso-a / alto-a / basso-a / bello-a / brutto-a / giovane / vecchio-a / biondo-a / bruno-a / buono-a / cattivo-a / egoista / altruista / freddo-a / affettuoso-a / riservato-a / invadente / carino-a / bruttino-a / simpatico-a / antipatico-a / gentile / maleducato-a / tirchio-a / generoso-a / taciturno-a / chiacchierone-a / tranquillo-a / scatenato-a / calmo-a / nervoso-a / goloso-a / geloso-a
/altro:_____

Descrivi una persona a tua scelta usando gli aggettivi della lista

Es.: *Per me lui/ lei è...*

Il clima a Tropea

Com'è il clima nel tuo paese? Chiedi un po' in giro e scopri com'è il clima a Tropea. Costruisci delle frasi come nell'esempio.

Es.: *A Tropea a gennaio è inverno e fa un po' freddo.*

A Tropea... / Nel mio paese...

a gennaio		◊ fa un po' freddo	◊ c'è nebbia
a febbraio	è inverno e...	◊ fa freddissimo	◊ piove sempre
a marzo		◊ nevica	✗ piove ogni tanto
ad aprile		◊ fa caldo	◊ grandina
a maggio	è primavera e...	◊ piove	◊ fa freddo
a giugno		◊ c'è vento	◊ il clima è mite
a luglio		◊ fa caldo	◊ piove sempre
ad agosto	è estate e...	◊ fa molto caldo	◊ è molto umido
a settembre		◊ piove ogni tanto	◊ il clima è mite
ad ottobre		◊ fa freddo	◊ il clima è mite
a novembre	è autunno e...	◊ piove sempre	◊ piove poco
a dicembre		◊ è sempre nuvoloso	◊ c'è vento

Cosa dicono le previsioni del tempo?
Ascoltale in tv e scrivile sul tuo quaderno usando le seguenti espressioni. Confrontale con quelle del tuo paese.

È bello / sarà bello / È / sarà sereno – è / sarà variabile – è / sarà nuvoloso - c'è / ci sarà vento - c'è / ci sarà il sole - fa / farà caldo - fa / farà freddo – piove / pioverà - nevica / nevicherà– grandina / grandinerà

Esempi:
Oggi a Tropea il tempo è bello e ci sono 28 gradi.
Domani a Tropea il tempo sarà ancora bello e ci saranno 29 gradi.

Oggi nel mio paese il tempo è nuvoloso e fa freddo.
Domani nel mio paese il tempo sarà sereno e fara più caldo.

Come sono le persone di Tropea?

Usa gli aggettivi della lista e descrivi come sono i tropeani e le tropeane secondo te.

Esempi.:
Secondo me i tropeani sono simpatici, ma invadenti.
Secondo me le tropeane sono simpatiche e riservate.

I tropeani / le tropeane per me sono... / non sono...

magr-i/e ◊	grass-i/e ◊	alt-i/e ◊	bass-i/e ◊
bell-i/e ◊	brutt-i/e ◊	giovani ◊	vecch-i/ie ◊
biond-i/e ◊	mor-i/e ◊	buon-i/e ◊	cattiv-i/e ◊
riservat-i/e ◊	invadenti ◊	calm-i/e ◊	nervos-i/e ◊
simpatic-i/he ◊	antipatic-i/he ◊	gentili ◊	maleducat-i/e ◊
egoist-i/e ◊	altruist-i/e ◊	fredd-i/e ◊	affettuos-i/e ◊
tirch-i/ie ◊	generos-i/e ◊	taciturn-i/e ◊	chiacchieron-i/e ◊
tranquill-i/e ◊	scatenat-i/e ◊	altro: _____	

Descrivi come sono gli abitanti del tuo paese...

Gli abitanti del mio paese:
i / gli _____, secondo me, sono...

Colazione a Tropea

Conosci le espressioni tipiche per fare colazione al bar? Cosa prendi tu al bar? Immagina di essere al bar centrale di Tropea.

Es.: - *Buongiorno, un caffè e un latte macchiato per favore.*
 - *Prego. Ecco a Lei.*
 - *Quant'è in tutto?*

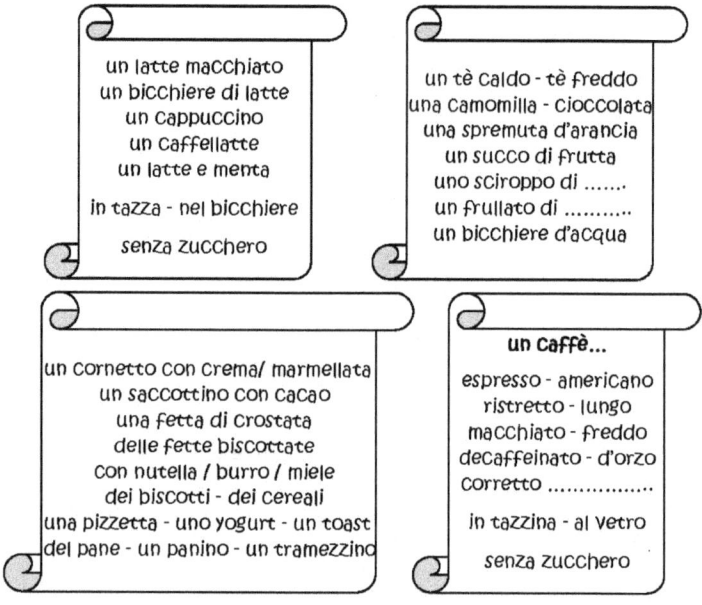

```
un latte macchiato
un bicchiere di latte
un cappuccino
un caffellatte
un latte e menta
in tazza - nel bicchiere
senza zucchero
```

```
un tè caldo - tè freddo
una camomilla - cioccolata
una spremuta d'arancia
un succo di frutta
uno sciroppo di .......
un frullato di ..........
un bicchiere d'acqua
```

```
un cornetto con crema/ marmellata
un saccottino con cacao
una fetta di crostata
delle fette biscottate
con nutella / burro / miele
dei biscotti - dei cereali
una pizzetta - uno yogurt - un toast
del pane - un panino - un tramezzino
```

```
un caffè...
espresso - americano
ristretto - lungo
macchiato - freddo
decaffeinato - d'orzo
corretto ................
in tazzina - al vetro
senza zucchero
```

Cosa prendono i tropeani a colazione? Di solito cosa si mangia a colazione nel tuo Paese? Scrivilo nel tuo quaderno.

I tropeani per colazione....
Nel mio Paese per colazione...

La mattina a Tropea...

Cosa si può fare la mattina a Tropea? Crea delle frasi con le espressioni nel box

Cosa <u>voglio /posso / devo</u> fare la mattina a Tropea?

> Andare in spiaggia – andare alla scuola d'italiano – studiare – andare a cavallo – dormire – fare una gita – fare una passeggiata – andare in barca – fare colazione al bar – andare a correre – stare a casa – pulire casa – telefonare ai miei genitori – ascoltare un po' di musica – guardare la tv

Stamattina voglio *andare alla scuola d'italiano.*
Stamattina devo...
Stamattina posso...

Domani mattina (=domattina) voglio...
Domani mattina devo...
Domani mattina posso ...

Dopo domani mattina voglio...
Dopo domani mattina devo ...
Dopo domani mattina posso ...

Stamattina non voglio ...
Domani mattina non devo ...
Dopo domani mattina non posso ...

Scopri cosa fa un tuo amico o una tua amica e invitalo o invitala a passare la mattinata con te.

Cosa fai stamattina?
Sei libero/a stamattina?
Cosa vuoi fare stamattina?
Cosa devi fare domani mattina?

Stamattina vuoi ... con me?
Domani mattina vuoi ... con me?

All'agenzia di viaggi

Leggi e interpreta il dialogo tra Patty (un'irlandese che studia a Tropea e che deve tornare con urgenza a casa) e il titolare di un'agenzia di viaggi.

Patty deve tornare urgentemente in Irlanda...Una sua zia sta male! Deve subito trovare un biglietto!

P.: Buongiorno!
T.: Buongiorno! Prego!
P.: Salve, devo con urgenza andare a Dublino! Solo andata! Quando parte il primo aereo per l'Irlanda?
T.: Un attimo che controllo al computer...Ecco qui: domani c'è un aereo che parte da Lamezia alle 8:30 e arriva a Milano alle 9:30. Da Milano per Dublino il primo volo è alle 14:00 con arrivo alle 18:00. Però per Dublino è rimasto solo un posto in prima classe. Va bene?
P.: Si, si, va benissimo! Quant'è in tutto?
T.: Sono 450 € tutto compreso. Le è andata bene: c'è un'offerta! E il posto è anche vicino al finestrino!
P.: Bene! Ecco la mia carta di credito. Ma come arrivo all'aeroporto di Lamezia?
T.: Può andare in taxi, ma è un po' costoso: circa 60 €! Oppure può andare in treno: alle 6:00 alla stazione di Tropea con arrivo a Lamezia alle 7:00. A Lamezia però un taxi per l'aeroporto deve prenderlo comunque. Cosa faccio? Le prenoto pure un posto sul treno?
P.: No, no, lasci stare! Troppo stressante... Chiedo a Gerardo se mi accompagna! Altrimenti prendo un taxi. Grazie e arrivederci!
T.: Arrivederci! Faccia buon viaggio e in bocca a lupo per tutto!
P.: Grazie di nuovo! Crepi il lupo

Sottolinea tutte le preposizioni che trovi nel dialogo e cerca di capire come si usano. Non conosci le preposizioni? Leggi il prossimo paragrafo!

Le preposizioni

Ed ecco a te le preposizioni italiane e i loro usi più importanti!

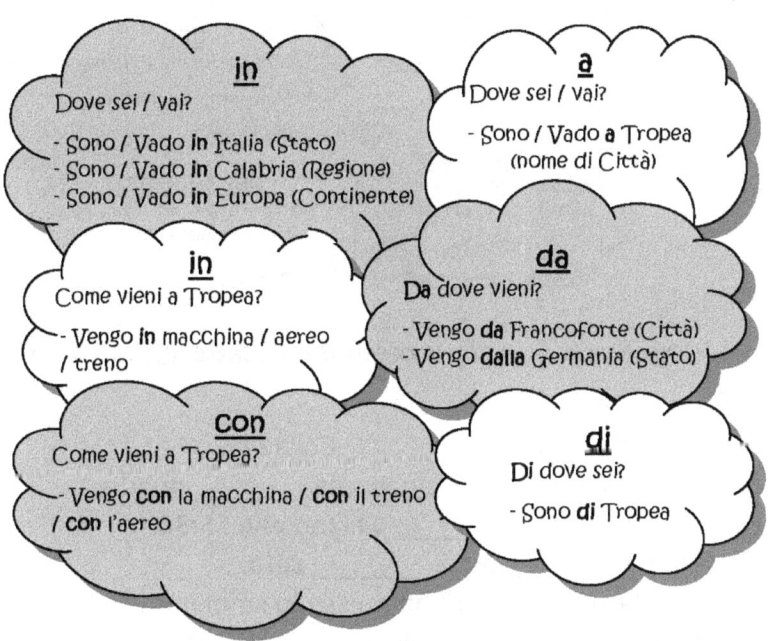

Completa le frasi con le preposizioni esatte. (Soluzioni a pag. 104)

1. Stasera vado _____ Roma. Ci vado _____ il treno.
2. Corinne è _____ Parigi, ma vive _____ Messina.
3. Voglio andare a vivere _____ Francia.
4. Il treno per Napoli parte _____ Tropea alle 22:30.
5. Nunzio viaggia sempre _____ treno e mai _____ macchina.
6. Piero e Andrea vanno in vacanza _____ Brasile _____ l'aereo.
7. Rino è _____ Reggio Calabria, Rosy invece viene _____ Bonn.
8. Da Bologna _____ Tropea _____ treno ci vogliono 11 ore.

E ora altri usi tipici delle preposizioni italiane.

Completa le frasi con le preposizioni esatte. (Soluzioni a pag. 104)

1. Stasera vado al cinema _____ Cornelia.
2. In vetrina c'è una bellissima giacca _____ quadri.
3. Questo treno parte _____ Milano alle 15:30.
4. La giacca _____ Luisa è _____ seta.
5. _____ fare bella figura ha messo lo smoking.
6. Da Tropea _____ Parghelia ci metto un'ora _____ piedi.
7. Gianni e Fabrizio sono andati a ballare e _____ loro c'era Isabella.
8. Lara ha i pantaloni _____ pelle e i tacchi _____ spillo.
9. _____ fare soldi Andrea ha lavorato _____ tanta fatica!
10. Alla festa vado _____ moto! Se vuoi puoi venire _____ me!
11. Il gatto _____ Bettina è molto grazioso.
12. Luca è venuto _____ me all'aeroporto.
13. Tra un mese parto per il Sud America _____ la nave.

Le preposizioni articolate

Le preposizioni insieme agli articoli determinativi diventano le "preposizioni articolate"*

Preposizioni articolate* = preposizioni + articoli determinativi

-	a	in	di	su	da
il	al	nel	del	sul	dal
lo	allo	nello	dello	sullo	dallo
la	alla	nella	della	sulla	dalla
l'	all'	nell'	dell'	sull'	dall'
i	ai	nei	dei	sui	dai
gli	agli	negli	degli	sugli	dagli
le	alle	nelle	delle	sulle	dalle

* Le preposizioni articolate dipendono dal sostantivo a cui sono vicine. Si usano spesso al plurale e quando si specifica qualcosa.

Esempi:
Nelle biblioteche non si può parlare a voce alta.[plurale]
Mio fratello lavora nella fabbrica di mio zio. [si specifica in quale fabbrica lavora mio fratello]

Completa le frasi con le preposizioni esatte. (Soluzioni a pag. 104)

1. I libri (su) _____ Italia sono molto interessanti.
2. Francesco, la merenda è (in) _____ zaino.
3. Tutti parlano bene (di) _____ Italia.
4. Luigi lavora (in) _____ Stati Uniti.
5. (In) _____ spiagge di Tropea c'è molta gente in estate!
6. Il buon giorno si vede (da) _____ mattino.
7. Anna si dimentica sempre gli occhiali (su) ____ banco!.
8. (A) _____ 9.00 in punto fatti trovare (su) _____ ponte.
9. (Di) _____ tuo cellulare non me ne frega proprio niente!
10. Matteo deve andare con urgenza (da) _____ dentista!
11. La pizza (a) _____ taglio è la mia preferita.
12. (In) _____ alberghi di Tropea non c'è più posto!
13. Ieri è passato il camion (di) _____ pompieri.

I verbi riflessivi

Racconta cosa fai ogni mattina: metti in ordine le frasi qui sotto in base a ciò che fai.

Ogni mattina*
____ mi alzo
____ mi pettino
____ mi faccio la barba
____ vado a lavorare
____ mi faccio la doccia
____ mi metto le scarpe
____ faccio colazione
____ mi preparo
____ mi metto a studiare
____ mi vesto
____ mi lavo
__1__ mi sveglio

* Molti dei verbi della lista sono riflessivi: questi sono dei normalissimi verbi che hanno sempre <u>il pronome riflessivo</u> davanti, perché noi italiani diciamo che l'azione del verbo cade sulla persona stessa. Eccone alcuni esempi completi:

lavarsi	mettersi	vestirsi
(io) <u>mi</u> lavo	(io) <u>mi</u> metto	(io) <u>mi</u> vesto
(tu) <u>ti</u> lavi	(tu) <u>ti</u> metti	(tu) <u>ti</u> vesti
(lui/lei) <u>si</u> lava	(lui/lei) <u>si</u> mette	(lui/lei) <u>si</u> veste
(noi) <u>ci</u> laviamo	(noi) <u>ci</u> mettiamo	(noi) <u>ci</u> vestiamo
(voi) <u>vi</u> lavate	(voi) <u>vi</u> mettete	(voi) <u>vi</u> vestite
(loro) <u>si</u> lavano	(loro) <u>si</u> mettono	(loro) <u>si</u> vestono

Completa l'esercizio: descrivi in ordine cronologico cosa fai la sera.

Ogni sera...
Mi lavo i denti...
Mi....
Mi...

A Tropea quante volte lo fai?

Sei curioso? Fa' un po' di domande ad un amico o ad un'amica e scrivi sul tuo quaderno dell'italiano le sue risposte, usando le seguenti espressioni.

> Sì, sempre – No, (non) mai – Sì, spesso – No, raramente –
> Sì, tutti i giorni – No, qualche volta – Sì, a volte – No, ogni tanto

Es.: - *Vai spesso a correre?-Sì ci vado spesso / No, non ci vado mai.*

Mangi spesso al ristorante?
_____

Vai spesso al bar?
_____

Fai spesso una passeggiata nel Corso?
_____

Vai spesso alla 'Villetta del Cannone'?
_____

Vai spesso al mare?
_____

Leggi spesso?
_____

Cucini spesso a casa tua?
_____

Vai spesso in chiesa?
_____

Fai spesso il bagno a mezzanotte?
_____

Fai spesso una grigliata sulla spiaggia?
_____

Studi spesso l'italiano?
_____

Telefoni spesso a casa tua?
_____

Vai spesso alla toilette? ☺
_____

Ascolti spesso (la) musica?
_____

Numeri ordinali, date e giorni

Impara i numeri ordinali in italiano. Nota la regola dei numeri ordinali dopo il decimo numero.

1° – primo
2° – secondo
3° – terzo
4° – quarto
5° – quinto
6° – sesto
7° – settimo
8° – ottavo

9° – nono
10° – decimo
11° – undicesimo
12° – dodicesimo
20° – ventesimo
30° – trentesimo
100° – centesimo

Ricordi i giorni della settimana... Sai rimetterli in ordine?

_1_ lunedì/ ___. mercoledì / ___. martedì / ___. venerdì / ___. sabato / ___. giovedì / _7_ domenica

Impara a dire le date e i secoli in italiano. Leggi a voce alta!

Il 154 A.C.: il centocinquantaquattro avanti Cristo
Il 15/10/1492: il quindici ottobre millequattrocentonovantadue
Il 14/07/1982: il quattordici luglio millenovecentoottantadue
Il 15/08/2007: il quindici / agosto / duemilasette
Il 1°/09/2012: il primo settembre 2012
il IV secolo: il quarto secolo
Il XXI secolo: il ventunesimo secolo

E tu, quando sei nato? E i tuoi genitori?

Io sono nato (nata) il...
Mia madre è nata il...
Mio padre è nato il...

Al telefono

Leggi e interpreta la telefonata tra Mara (un'argentina che studia a Tropea e che è ospite a casa del tropeano Franco) e il cugino di Franco: Pasquale.

Franco sta facendo la doccia e così Mara risponde al telefono.

Drin... Drin...

M.: Pronto!
P.: Pronto! Buongiorno! Con chi parlo, scusi? Vorrei parlare con Franco. È in casa? Me lo può passare, per cortesia?
M.: Mamma mia quante domande! Io sono Mara, un'ospite di Franco. Lui adesso è sotto la doccia! Richiami più tardi... Ah, no! Aspetti... È uscito adesso... Un attimo per favore! Chi lo vuole?
P.: Sono suo cugino Pasquale!
M.: Si, aspetti! - Franco c'è tuo cugino Pasquale al telefono!
F..: Ah, Pasquale... Digli di richiamarmi tra 10 minuti sul cellulare! Adesso devo asciugarmi i capelli! Ho avuto la febbre l'altro ieri... Mi tornerà se non mi asciugo subito!
M.: Pronto! Franco ha detto di chiamarlo tra 10 minuti sul cellulare!
P.: Sul cellulare? Ma io non ho il suo numero di cellulare! Non l'ho mai chiamato lì! Me lo può dare Lei, gentilmente?
M.: Certo! Il numero è 331 22222222221!
P.: Grazie! Lo chiamerò lì! La saluto!
M.: Ciao!

Trova tutti i verbi al passato prossimo nel dialogo che hai appena letto.
Non conosci il passato prossimo? Leggi il prossimo paragrafo!

Il passato prossimo

Per parlare al passato il tempo più semplice è il passato prossimo!

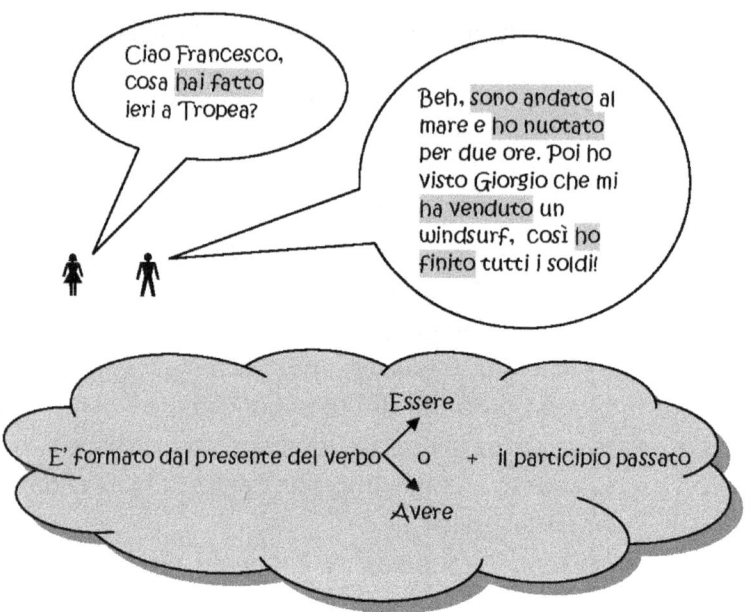

Come si forma il participio passato?

verbi in -are: and-are	verbi in -ere: vend-ere	verbi in -ire: dorm-ire	verbo essere	verbo avere
and - ato	vend - uto	dorm - ito	stato	avuto

Forma il participio passato dei verbi qui sotto (Soluzioni a pag. 104):

1. lavorare:_____ 2. cucire:_____ 3. cedere:_____
4. mangiare:_____ 5. finire:_____ 6. insegnare:_____
7. guardare:_____ 8. cucinare:_____ 9. premere:_____

Cosa uso: essere o avere?

Attenzione: la maggior parte dei verbi usa al passato prossimo il verbo ausiliare "avere", ma alcuni no! Come si capisce cosa usare?

usano essere*	usano avere
Tutti i verbi riflessivi (mi sono lavato)	Tutti i verbi transitivi (ho mangiato la mela)**
Molti verbi di movimento (andare, venire, tornare, partire, arrivare, uscire)	Pochi verbi di movimento (passeggiare, nuotare, viaggiare)
Verbi di stato in luogo (rimanere, restare, stare)	
Verbi di cambiamento (dimagrire, nascere, ingrassare, diventare)	
Molti verbi normalmente usati solo alla 3° persona singolare e plurale (piacere, mancare, durare)	

Es.: *Luigi è andato al mare, mentre Anna è andata a casa!*

*Quando il passato prossimo si forma con "essere", il participio (andato, andata) dipende dal soggetto (Luigi, Anna nell'esempio).

Esempi: *Mangio (che cosa?) una mela (=oggetto diretto).*
Conosco (chi?) Giulia (=oggetto diretto)

** Sono transitivi i verbi che possono avere un oggetto diretto (senza preposizione) e rispondono alle domande "chi?" o "che cosa?".

Alcuni participi passati irregolari...	
permettere: permesso	aprire: aperto
mettere: messo	offrire: offerto
fare: fatto	prendere: preso
dire: detto	ridere: riso
leggere: letto	chiudere: chiuso
rimanere: rimasto	perdere: perso
vedere: visto	correre: corso
rispondere: risposto	piangere: pianto
chiedere: chiesto	vincere: vinto

Il passato prossimo di alcuni verbi frequenti

essere
(io) sono stato/a
(tu) sei stato/a
(lui/lei/Lei) è stato/a
(noi) siamo stati/e
(voi) siete stati/e
(loro) sono stati/e

avere
(io) ho avuto
(tu) hai avuto
(lui/lei/Lei) ha avuto
(noi) abbiamo avuto
(voi) avete avuto
(loro) hanno avuto

fare
(io) ho fatto
(tu) hai fatto
(lui/lei/Lei) ha fatto
(noi) abbiamo fatto
(voi) avete fatto
(loro) hanno fatto

parlare
(io) ho parlato
(tu) hai parlato
(lui/lei/Lei) ha parlato
(noi) abbiamo parlato
(voi) avete parlato
(loro) hanno parlato

vendere
(io) ho venduto
(tu) hai venduto
(lui/lei/Lei) ha venduto
(noi) abbiamo venduto
(voi) avete venduto
(loro) hanno venduto

dormire
(io) ho dormito
(tu) hai dormito
(lui/lei/Lei) ha dormito
(noi) abbiamo dormito
(voi) avete dormito
(loro) hanno dormito

andare
(io) sono andato/a
(tu) sei andato/a
(lui/lei/Lei) è andato/a
(noi) siamo andati/e
(voi) siete andati/e
(loro) sono andati/e

diventare
(io) sono diventato/a
(tu) sei diventato/a
(lui/lei/Lei) è diventato/a
(noi) siamo diventati/e
(voi) siete diventati/e
(loro) sono diventati/e

uscire
(io) sono uscito/a
(tu) sei uscito/a
(lui/lei/Lei) è uscito/a
(noi) siamo usciti/e
(voi) siete usciti/e
(loro) sono usciti/e

giocare
(io) ho giocato
(tu) hai giocato
(lui/lei/Lei) ha giocato
(noi) abbiamo giocato
(voi) avete giocato
(loro) hanno giocato

dire
(io) ho detto
(tu) hai detto
(lui/lei/Lei) ha detto
(noi) abbiamo detto
(voi) avete detto
(loro) hanno detto

bere
(io) ho bevuto
(tu) hai bevuto
(lui/lei/Lei) ha bevuto
(noi) abbiamo bevuto
(voi) avete bevuto
(loro) hanno bevuto

Che lavoro fai?

Leggi la lista e immagina con tutti i tuoi sensi i mestieri e le professioni.

avvocato / commesso-a / dottore-essa /ingegnere / cantante / operaio-a / bagnino-a / direttore-direttrice d'hotel / impiegato-a / professore-essa / cuoco-a / barista / cameriere-a / receptionist / fotografo-a / giornalaio-a / panettiere-a / designer /commerciante / politico-a / giornalista / altro:

Qual è il tuo lavoro oggi?

Oggi faccio il/la/l'...

E in passato cosa hai fatto?

Per qualche anno ho fatto il/la/l'...

Cosa ti piacerebbe fare in futuro?

In futuro mi piacerebbe fare il/la/l'...

Chiedi in giro e scopri quali sono i lavori più diffusi a Tropea...

A Tropea molti fanno i / le...

Descrivi come è il tuo lavoro. Sottolinea gli aggettivi più adatti.

Il mio lavoro è...
stressante / leggero / creativo / noioso / monotono / interessante / moderno / divertente / triste / bello / brutto / ben pagato / mal pagato / altro:_____

A pranzo a Tropea

Impara le espressioni tipiche che si usano al ristorante.

MENÙ DEL GIORNO

Antipaso misto locale
Insalata di polipo
=
Fileja con 'nduja e cipolla
Spaghetti al nero di seppia
=
Pollo con cipolla
Surici fritti
=
Insalata di pomodori e cipolla
Melanzane ripiene
=
Fichi secchi
=
Sciù

Immagina quattro studenti inglesi che vanno al ristorante a pranzare. Ecco cosa potrebbero dire:

- Salve! Vorremmo un tavolo per 4 persone! Avevamo prenotato a nome "Fox"
- Cameriere il menù per favore! Cosa ci consiglia? Cosa c'è di fresco?
- Prendiamo un antipasto, un primo, un secondo e un contorno!
- Ci porta un litro di vino rosso, una bottiglia d'acqua e il pane? Grazie!
- Io prendo..., grazie! Noi invece prendiamo..., grazie!
- Potremmo avere sale, olio, pepe e aceto per l'insalata, grazie!
- Il conto, per favore! - Era tutto ottimo - squisito!

Cosa mangiano di solito i tropeani per pranzo? Chiedi a qualche amico tropeano.

Di solito i tropeani per pranzo mangiano...

Cosa si mangia di solito per pranzo nel tuo Paese?

Nel mio paese di solito per pranzo mangiamo...

Il pomeriggio a Tropea...

Cosa si può fare il pomeriggio a Tropea? Crea delle frasi con le espressioni nel box

Cosa <u>voglio /posso / devo</u> fare il pomeriggio a Tropea?

> Andare al mare – andare alla scuola d'italiano – fare i compiti – andare in palestra – fare un'escursione – fare jogging – fare windsurf – prendere l'aperitivo al bar – andare a giocare a beach volley – lavare (la) casa – fare ordine nella mia stanza – guardare la tv – fare shopping – andare a giocare a calcetto

Oggi pomeriggio voglio *andare al mare.*
Oggi pomeriggio devo...
Oggi pomeriggio posso...

Domani pomeriggio voglio...
Domani pomeriggio devo...
Domani pomeriggio posso ...

Dopodomani pomeriggio voglio...
Dopodomani pomeriggio devo ...
Dopodomani pomeriggio posso ...

Oggi pomeriggio non voglio ...
Domani pomeriggio non devo ...
Dopodomani pomeriggio non posso ...

Scopri cosa fa un tuo amico o una tua amica e invitalo o invitala a passare il pomeriggio con te.

Cosa fai oggi pomeriggio?
Sei libero/a oggi pomeriggio?
Cosa vuoi fare oggi pomeriggio?
Cosa devi fare domani pomeriggio?

Oggi pomeriggio vuoi ... con me?
Domani pomeriggio vuoi ... con me?

All'ospedale di Tropea

Leggi e interpreta il dialogo tra Piet (un inglese che studia a Tropea e che ha noleggiato un motorino) e un dottore all'ospedale di Tropea.

Piet sta andando al mare col motorino, quando ad un tratto sbatte con un albero...crash!!!

P.: Accidenti...Aiuto! Mi sono fatto male! Chiama<u>mi</u> un dottore!
Passante: <u>Ti</u> chiamo subito un'ambulanza: "Venite sul lungomare, c'è un ferito grave! Ha fatto un incidente! Ha bisogno di soccorso".

All'ospedale
D.: Dove ti fa male, ragazzo?
P.: Mi fa male un po' tutto, dottore: le braccia, la testa, il collo! Ma la gamba tantissimo! Secondo me è rotta! È grave, dottore?
D.: Facciamo subito i raggi e una puntura contro il dolore! Sei allergico a qualcosa? Hai qualche problema, malattie o altro?
P.: No, nessuna allergia, dottore! Sono sano come un pesce!

Dopo un po' di tempo...
D.: Si! La gamba è rotta! Dobbiamo metterti il gesso nella gamba e spalmarti questa pomata nelle altre ferite per evitare un'infezione!
P.: Si, dottore, facciamo tutto quello che vuole Lei! Quanto dovrò rimanere qui?
D.: Ti terremo qui due giorni! Così facciamo tutte le analisi e gli accertamenti!
P.: Grazie dottore! La prego, mi faccia guarire presto!
D.: Certo! Non ti preoccupare... Sei in ottime mani!

Sottolinea tutti i pronomi personali che trovi nel dialogo. Non sai cosa sono i pronomi personali? Leggi il prossimo paragrafo!

I pronomi personali

Impara l'uso dei pronomi personali in italiano.

soggetto	pronome personale oggetto diretto*	pronome personale oggetto indiretto**
io	mi (me)	mi (a me)
tu	ti (te)	ti (a te)
lui	lo (lui)	gli (a lui)
lei / Lei	la (lei)	le / Le (a lei / a Lei)
noi	ci (noi)	ci (a noi)
voi	vi (voi)	vi (a voi)
loro	li / le (loro)	gli (a loro)

* Si usano prima di un verbo <u>transitivo</u>. Hanno anche una forma tonica (tra parentesi) che si usa dopo le preposizioni o dopo il verbo per dare maggiore importanza alla persona.

Esempi: *Maria chiama proprio me?*
        Anche Luca viene con noi!

** Si usano prima di un verbo <u>intransitivo</u>. Hanno anche una forma tonica (tra parentesi) che si usa prima o dopo il verbo per dare maggiore importanza alla persona.

Esempi: *A me piace Tropea.*
        Tropea piace a me, ma non a Luca.

Il "ne" come pronome partitivo

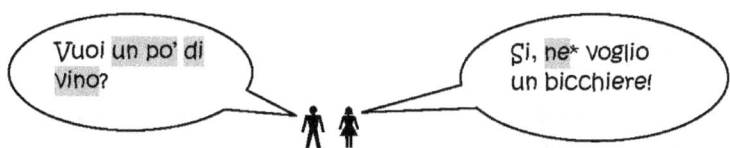

* Si usa normalmente al posto di "lo - la - li – le" quando si vuole esprimere un'idea di quantità.

Alcuni usi comuni di "ne"

Con i numeri:
- *Quanti caffè bevi al giorno? - Ne bevo tre!*

Con una parte o espressione di quantità:
- *Ne bevo alcuni (tanti / molti/ pochi)!*

Con quantità zero:
- *Bevi del vino? - No, non ne bevo per niente (affatto)!*

<u>**Attenzione**</u>: nella prossima frase non si usa "ne" perché si parla di "tutto il vino"!
- *Luca, bevi tutto il vino? – Sì, lo bevo tutto!*

Metti i seguenti pronomi al posto giusto. (Soluzioni a pag. 104)

Mi – l' – mi – me – ti – lo – mi – ti - ti

1. Sono sempre al telefono! ___ chiamano tutto il giorno!
2. Io non ___ vedo mai con il cellulare in mano.
3. Sono così stressato che ___ ho lasciato a casa.
4. E come fai se ___ chiamano per offrir___ una parte nel telefilm "Gente di mare"?
5. Ma dai, non ___ interessa! Queste cose interessano a Giulio, non a ___ !
6. Gli interessa davvero? Vuole fare l'attore? Non ___ sapevo!
7. Si, ___ hanno detto che vuole andare a lavorare a Cinecittà!

Un po' di storia di Tropea

Leggi il testo per conoscere la storia di Tropea e rispondi alle domande.

La zona di Tropea è abitata fin dalla preistoria, ma la fondazione della odierna città è da attribuirsi ai Greci: una leggenda la vuole fondata dal mitico Ercole. L'attuale centro cittadino corrisponde all'antico Portus Hercules ricordato dagli storici Strabone e Plinio. Fiorente cittadina romana, dopo la caduta dell'impero, ha fatto parte dell'impero bizantino dal VI sec. fino all'XI sec. Soggetta poi a diverse dominazioni (Arabi, Normanni, Angioini, Spagnoli) è entrata poi a far parte del Regno di Napoli (Aragonesi) a cui è rimasta sempre fedele. In tutto il periodo aragonese, grazie alla loro fedeltà, i tropeani non hanno mai dovuto pagare tributi al regno. Città ricca e popolosa fin dal Medio Evo, Tropea è stata uno dei centri culturali più importanti della Calabria. Dominata da famiglie nobili, ha avuto una fiorente classe borghese, artigiana, operaia e una flotta peschereccia e mercantile molto importante. Per secoli ha controllato tutti i paesi vicini (i 24 casali), i quali hanno dovuto pagare dei tributi. Distrutta in parte dal terremoto del 1783, ha iniziato da quell'anno a perdere importanza come centro politico. Comune del regno d'Italia dal 1861, oggi si estende su una superficie di circa 4 km quadrati: è uno dei più piccoli comuni d'Italia come estensione territoriale. La popolazione è di circa 7.000 abitanti. Grazie alle sue bellezze artistiche e naturali (centro storico e mare), oggi la città vive in grandissima parte di turismo.

Vero o falso? Segna con una X le risposte esatte.

1. Tropea è stata fondata dai Greci.   vero _X_   falso ___
2. Tropea è stata dominata da:
Arabi ___ / Americani ___ / Normanni ___ / Olandesi ___ / Angioini ___ / Spagnoli ___
3. Tropea ha sempre pagato le tasse agli Aragonesi. vero ___ / falso ___
4. Tropea ha dominato i paesi vicini per molti secoli. vero ___ / falso ___
5. Tropea ha avuto una flotta mercantile. vero ___ / falso ___
6. Ha perso importanza dopo il terremoto del 1783. vero ___ / falso ___
7. Tropea ha fatto parte dell'Italia: dal 1861___ dal 1860___
8. Tropea ha una grandezza di 4 Km quadrati. vero ___ / falso ___
9. Il turismo è molto importante per Tropea. vero ___ / falso ___

I proverbi più famosi di Tropea

Traduci nella tua lingua i proverbi dialettali più usati a Tropea. Cosa significano secondo te? Si dice qualcosa di simile nel tuo Paese?

Petra chi no faci lippu, sa lev'a a 'hjumara [dialetto tropeano].
La pietra che non fa il muschio viene portata via dal fiume [italiano].

U cani muzzica semp'u sciancatu.
Il cane morde sempre il povero.

Spagnati du poviru arriccutu e no du riccu 'mpoverutu.
Spaventati del povero diventato ricco e non del ricco diventato povero.

Omin'i cantina finisciunu affucati int'a tina.
La gente che va sempre a bere vino finirà affogata nella botte.

Cu avi mujjheri bella sempi canta; cu avi sordi assai sempi cunta.
Chi ha la moglie bella canta sempre; chi no, conta poiché è ricco.

Panz'e prisenza.
Pancia grossa segno di ricchezza e salute.

A vucca è ninna; ma capi 'na navi cu tutt'antinna.
La bocca è piccola, ma ci entra una nave con tutta l'antenna.

Cu no senti mamm'e patri, mori 'nte cantunati.
Chi non ascolta i genitori morirà per le strade.

Cu si guardò, si sarvò.
Chi si guarda dai pericoli, si salverà.

E tu? Come sei fatto (fatta)?

Rispondi alle seguenti domande

Quanto pesi?
Es.: *Peso 63 chili.*

Quanto sei alto/a?

Che taglia porti?

Che numero di scarpe hai?

Impara dai "Bronzi di Riace" i nomi delle parti del corpo. Usa gli aggettivi della lista e descrivi come sono le tue parti del corpo.

grande - piccol-o/a - sottile - gross-o/a - lung-o/a - cort-o/a

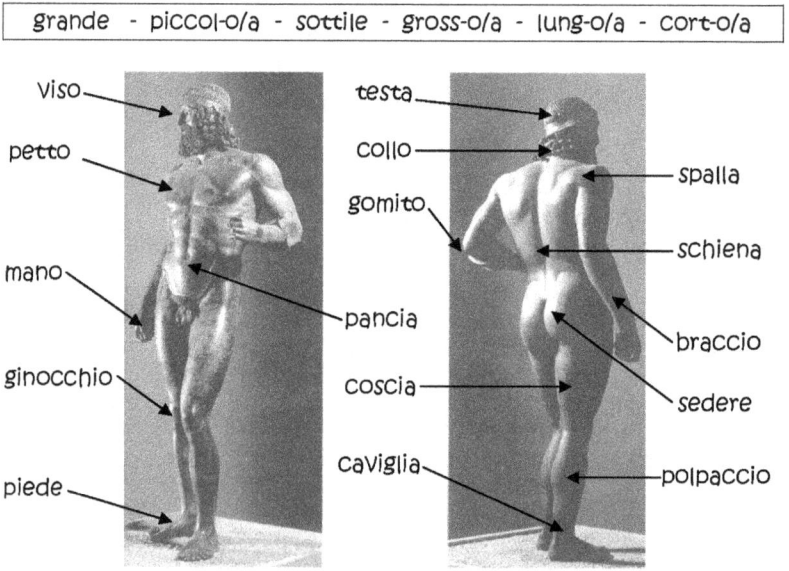

Vestiamoci a Tropea...

Impara le espressioni per comprare vestiti, scarpe o accessori.

Vorrei comprare...

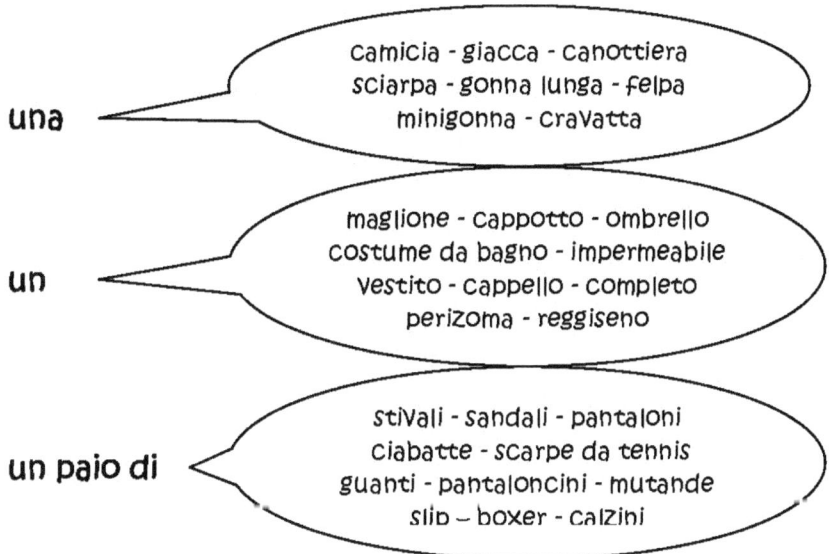

una: camicia - giacca - canottiera - sciarpa - gonna lunga - felpa - minigonna - cravatta

un: maglione - cappotto - ombrello - costume da bagno - impermeabile - vestito - cappello - completo - perizoma - reggiseno

un paio di: stivali - sandali - pantaloni - ciabatte - scarpe da tennis - guanti - pantaloncini - mutande - slip – boxer - calzini

Indica quali capi di abbigliamento sono per uomo, quali per donna e quali per entrambi.

uomo	donna	entrambi

Usa le espressioni qui sotto e insieme ad un tuo amico o amica fate finta di essere in un negozio: uno compra e uno vende.

Buongiorno, vorrei comprare... - Dov'è il reparto uomo / donna?
Ha abbigliamento sportivo? - Posso provarlo / misurarlo?
Di che materiale è fatto? - Come mi sta / stanno?
Ce l'ha il numero / la taglia più grande / piccol-o/a?

A cena a Tropea

Impara le espressioni tipiche che si usano in pizzeria.

MENÙ PIZZE

Pizza con la 'nduja
Pizza margherita
Pizza alle 4 stagioni
Pizza con la cipolla rossa di Tropea
Pizza con cipolla rossa e 'nduja
Pizza con peperoni e cipolla rossa
Pizza con tonno e cipolla rossa
Pizza con rucola e grana
Pizza alla marinara
Pizza con i frutti di mare
Focaccia con melanzane arrostite

Immagina quattro ragazze austriache che vanno a cena in pizzeria. Ecco cosa potrebbero dire:

- Salve! Vorremmo un tavolo per 5 persone! Avevamo prenotato a nome Rein!
- Cameriere, il menù per favore!
- Ci porta 5 birre alla spina e due bottiglie d'acqua gassata?
- Io prendo..., grazie! Noi invece prendiamo..., grazie!
- Cameriere! Potremmo avere 4 tartufi di Pizzo e 4 caffè?
- Vorremmo un digestivo: 2 amari del Capo, un limoncello e una liquirizia!
- Il conto, per favore! Le pizze erano buonissime! Complimenti al pizzaiolo!

Quali pizze mangiano di solito i tropeani? Chiedi a qualche amico tropeano.

Le pizze preferite dai tropeani sono...

Qual è la tua pizza preferita?

La mia pizza preferita è...

La sera a Tropea...

Cosa si può fare la sera a Tropea? Crea delle frasi con le espressioni nel box.

Cosa <u>voglio / posso / devo</u> fare la sera a Tropea?

> andare al falò in spiaggia - andare al bar - finire gli esercizi d'italiano
> andare al pub - dormire - fare una passeggiata - andare in pizzeria
> stare con i miei amici - uscire con il/la fidanzat-o/a - stare a casa
> cenare a casa - andare in discoteca - guardare un film in tv - fare una festa

Stasera voglio *andare al bar.*
Stasera devo...
Stasera posso...

Domani sera voglio...
Domani sera devo...
Domani sera posso ...

Dopodomani sera voglio...
Dopodomani sera devo ...
Dopodomani sera posso ...

Stasera non voglio ...
Domani sera non devo ...
Dopodomani sera non posso ...

Scopri cosa fa un tuo amico (o un amica) e invitalo (o invitala) a passare la serata con te.

Cosa fai stasera?
Sei libero/a stasera?
Cosa vuoi fare stasera?
Cosa devi fare domani sera?

Stasera vuoi ... con me?
Domani sera vuoi ... con me?

I personaggi famosi di Tropea

Abbina le foto e i nomi alle vite dei personaggi più famosi di Tropea e dintorni (Soluzioni a pag. 104).

 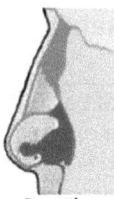  

Santa Domenica   fratelli Vianeo   Raf Vallone   Pasquale Galluppi

1._____ è un filosofo. È nato a Tropea nel 1770 da una nobile famiglia ed è morto nel 1846 a Napoli. Ha scritto '**Elementi di filosofia**' (1820-1826). Con i suoi libri ha introdotto in Italia la moderna filosofia europea. È stato un grande ammiratore di Kant.

2._____ è nata nel 287 a Tropea. Processata dai Romani poiché cristiana, non ha mai rinnegato la sua fede. È stata condannata ad essere sbranata dai leoni, ma i leoni sono diventati docili davanti a lei e così è stata decapitata nel 303. I suoi resti mortali sono nella cattedrale di Tropea.

3._____ sono dei chirurghi plastici. Sono nati e cresciuti a Tropea nel XVI secolo. Sono stati i primi al mondo a studiare e praticare la rinoplastica, cioè la plastica al naso.

4. ._____ è stato un attore teatrale e cinematografico. È nato a Tropea nel 1916 ed è morto a Roma nel 2002. Giornalista e calciatore del Torino prima, ha poi fatto l'attore in moltissimi film tra cui: "Riso amaro" (1949, G. De Santis), "Non c'è pace tra gli ulivi" (1950, G. De Santis), "La garconnière" (1960, G. De Santis), "Uno sguardo dal ponte" (1962, S. Lumet).

I possessivi

Per indicare di chi è una cosa si usano gli aggettivi e i pronomi possessivi.

Esempio: *E' il tuo questo libro? Si, è il mio!*

Persona di riferimento	Maschile singolare	Maschile plurale	Femminile singolare	Femminile plurale
Io	Il* mio libro	I miei libri	La mia penna	Le mie penne
Tu	Il tuo libro	I tuoi libri	La tua penna	Le tue penne
Lui / Lei	Il suo libro	I suoi libri	La sua penna	Le sue penne
Noi	Il nostro libro	I nostri libri	La nostra penna	Le nostre penne
Voi	Il vostro libro	I vostri libri	La vostra penna	Le vostre penne
Loro	Il loro libro	I loro libri	La loro penna	Le loro penne

* In italiano si usa normalmente l'articolo insieme ai possessivi, tranne che in alcuni casi:

I nomi di famiglia al singolare:
mio padre, tua madre, sua nonna, nostro figlio, vostro nipote, ecc.

Ma si dice:
il loro padre, la loro figlia.

Completa le frasi con i possessivi esatti (Soluzioni a pag. 105).

1. Stasera io e _____ padre andiamo al concerto alla chiesa della Michelizia.
2. Martina e i _____ fratelli suonano il pianoforte molto bene.
3. - Qual è il _____ film preferito? – Il _____ film preferito è 'Titanic'!
4. I _____ genitori sono nati e vissuti a Tropea.
5. Il _____ paese è il più bello del mondo!
6. Devo andare in Francia con la _____ Fiat 500!

A scuola a Tropea

Da' un nome alle cose che ci sono in classe: completa con i nomi degli oggetti mancanti e poi scrivi sul tuo quaderno chi ha questi oggetti.

	banco	_tutti_		....	_____
	sedia	_____		....	_nessuno_
	foglio	_____		quaderni	_____
	....	_____		vocabolario	_____
	....	_____		calendario	_____
	....	_____		agenda	_____
	....	_____		....	_____
	....	_____		....	_____
	penna	_____		cartella	_____
	....	_____		righello	_____
	cartella	_____		gomma	_____

Completa le frasi con i possessivi e gli articoli esatti
(Soluzioni a pag. 105).

1. Oggi ho comprato _____ primo computer portatile!
2. Non ho una penna: Chi mi presta _____?
3. Nunzio, non ricordo più di che colore sono _____ occhiali!
4. Le sedie della _____ scuola sono nuove e colorate.
5. _____ sorella ieri ha rotto _____ righello!
6. A studiare siamo io, _____ fratello e Rino.
7. _____ libro preferito è "Impariamo l'italiano a Tropea"!

Dov'è Tropea?

Guarda una cartina geografica e dopo aver trovato Tropea, rispondi alle seguenti domande.

Rispetto a Tropea, dove si trova...?

Roma: _a nord_   Cagliari: _____

Palermo: _____   Milano: _____

Londra: _____   Berlino: _____

Madrid: _____   Mosca: _____

Vienna: _____   Parigi: _____

Monaco: _____   Praga: _____

New York: _____   S.Paolo: _____

Quanto dista Tropea da...?

Segna con una X la risposta esatta (Soluzioni a pag. 105).

1. **Reggio Calabria?**   110 km __ / 460 km __
2. **Roma?**   600 km __ / 1200 km __
3. **Parigi?**   1900 km __ / 2500 km __
4. **Monaco?**   900 km __ / 1400 km __
5. **Mosca?**   3400 km __ / 4200 km __ /
6. **Cosenza?**   460 km __ / 120 km __
7. **Milano?**   1200 km __ / 1500 km __
8. **Londra?**   2250 km __ / 2650 km __
9. **Vienna?**   1600 km __ / 1300 km __ /
10. **Berna?**   1400 km __ / 2000 km __ /

Dalla mia città Tropea dista circa ...... km!

I dintorni di Tropea

Abbina le foto e i testi ai paesi nel box qui sotto. Rispondi alle domande alla fine dei testi (Soluzioni a pag. 105).

Spilinga e M. Poro   Capo Vaticano   Parghelia   Pizzo   S. Domenica

1. _____

Fondata dai Greci, il suo nome significa "terra di fronte al sole". Già dal Medio Evo i suoi abitanti si sono distinti per la pesca del tonno, per la navigazione e per il commercio marittimo. È stato per secoli un paese sotto il controllo di Tropea (il più grande dei casali), a cui ha dovuto per molto tempo pagare dei tributi. Interessata, come tutti i paesi della zona, dalle incursioni dei pirati arabi, ha avuto mura e ponti levatoi. Nel 1806, è diventata un comune autonomo. Nel 1900 le attività marittime e della pesca sono entrate in crisi e nel 1905 un terribile terremoto l'ha rasa al suolo. Ricostruita così come la vediamo adesso, grazie ai suoi 7 km di costa oggi ospita numerosi complessi turistici.

Da chi è stata fondata?
È stata dominata da Tropea?
In questa piccola città ci sono molti residence e hotel?

2._____

Fondata dai Greci, il suo primo nome è stato "Napitia". Distrutta nel IV secolo d.c. dagli arabi e ricostruita poi nel X secolo, dal XIII è iniziato il suo sviluppo economico grazie all'industria della pesca (tonno) e della ceramica. Nel 1492 Ferdinando I° vi ha costruito il grande castello, mentre la grande torre è di origine angioina. Costruito come fortezza a difesa della città contro le scorribande Saracene, il castello è stato anche un carcere, da dove sono passati molti personaggi storici famosi, come G. Murat (re di Napoli e cognato di Napoleone Bonaparte), che qui è anche morto, fucilato dall'esercito borbonico.

Qual è il suo nome originale?
Chi ha costruito il castello?
Chi è morto qui, fucilato?

3._____

È nata da un piccolo centro agricolo e residenziale di alcune famiglie nobili di Tropea, che in quelle campagne hanno soggiornato durante le calde estati. Il nome deriva da una ragazza poi divenuta santa, nata in questi luoghi intorno al 300 d.C.. Situata a 3 km a sud di Tropea, oggi fa parte del comune di Ricadi. Dotata di bellissime spiagge e promontori, le attività principali oggi sono l'agricoltura e il turismo.

Qual è l'origine del suo nome?
Quali sono le attività economiche principali?

4._____

Già conosciuto dai Greci, il suo nome romano è stato "Vaticanum Promontorium", poiché lì ha abitato un oracolo al quale i naviganti del luogo si sono spesso rivolti prima di affrontare il mare. Si pensa che questo promontorio abbia dato il nome al più famoso colle di Roma. Oggi si trova nel comune di Ricadi. Il promontorio è ricco di strapiombi, rocce e piccole spiagge, circondate da giardini incontaminati. Il mare che lo costeggia è ideale per le immersioni, poiché limpido e ricco di pesci. Insieme a Tropea è una delle località turistiche più famose d'Italia.

Chi è vissuto in passato sul promontorio?
Cosa si può fare di bello in questa zona?

5._____

Il nome deriva dal greco e vuol dire terra ricca di grotte, Infatti, nelle vicinanze si trovano molte grotte; in queste per molti anni si sono nascosti dai pirati arabi gli abitanti delle zone limitrofe. La più importante di queste grotte è quella della "Madonna delle Fonti", che oggi è un santuario. Per anni sotto il dominio dei Bizantini, degli Arabi e dei Normanni è stata distrutta dal terremoto del 1783. In seguito è diventata un casale di Tropea fino al 1807. Culla della "Nduja" è il paese più grande del Poro, il monte (710 m) che, abitato fin dalla preistoria, è famoso per il pecorino, l'allevamento, il grano, il mais, i ceci e i fagioli.

Come si chiama la più importante grotta?
In che anno c'è stato il terremoto?
Quali sono i principali prodotti tipici?

Alla stazione dei treni di Tropea

Cosa puoi chiedere per fare una piccola escursione in treno? Ecco le domande più utili.

Dove è la stazione dei treni a Tropea?
___

C'è la biglietteria?
___

Dove posso acquistare il biglietto?
___

Posso comprare il biglietto sul treno?
___

Quali stazioni posso raggiungere da Tropea?
___

Che tipo di treno prendo per Rosarno?
___

Che treno devo prendere per l'aeroporto?
___

Che treno devo prendere per la Sicilia?
___

Alla stazione c'è il bar o il ristorante?
___

Sui treni locali c'è il ristorante?
___

Gli Eurostar passano da Tropea?
___

Beviamo qualcosa a Tropea

Impara le espressioni tipiche che si usano in enoteca (o al wine bar come amano dire i tropeani).

MENÙ BEVANDE

Alcolici
- Vino rosso locale
- Vino bianco locale
- Vino rosato locale
- Amaro del capo
- Limoncello locale
- Crema di limoncello
- Liquirizia
- Nocino
- Grappa al peperoncino
- Grappa alla liquirizia
- Liquore all'arancia
- Liquore al mandarancio
- Crema di mandorle
- Crema di fragole
- Crema di cedro
- Crema di mandorle e limone
- Liquore al fico d'india
- Liquore al caffè
- Liquore al bergamotto
- Liquirizia aromatizzata agrumi

Analcolici
- Sciroppo di more
- Latte di mandorla

Immagina 15 studenti della scuola d'italiano che vanno al wine bar. Ecco cosa potrebbero dire:

- Salve! Vorremmo un tavolo per 15 persone.
- Cameriere il menù per favore.
- In questo wine bar hanno molte bevande locali...
- Io prendo..., grazie! Noi, invece, prendiamo..., grazie!
- Cameriere, potremmo avere un posacenere? Grazie!
- No, mi dispiace, in Italia è vietato fumare nei locali al chiuso!
- Il conto, per favore!

Che cosa bevono di solito i tropeani? Chiedi a qualche amico tropeano.

Le bevande preferite dai tropeani sono...

E a te cosa piace bere?

A me piace tantissimo...

Dal giornalaio a Tropea

Leggi e interpreta il dialogo tra Katia (una ungherese che studia a Tropea e che sta cercando dei souvenir da portare a casa) e il giornalaio di Tropea.

Katia deve comprare urgentemente dei souvenir… Domani va a casa e non può tornare a mani vuote! Forse l'edicola non è il posto più adatto, ma il giornalaio (edicolante) ci sa fare.

K.: Salve, domani partirò per l'Ungheria: ho bisogno di un po' di souvenir! Mi può aiutare? Ho bisogno di qualcosa di tipico del posto!
G.: Certo, signorina! Qui troverà molti souvenir! Può comprare questi portachiavi di Tropea, questo calendario, questi poster, quest'orologio e questa guida fotografica!
K.: Va bene, li prendo tutti! Può farmi delle confezioni regalo?
G.: Certo! Come no!? Gliele faccio subito…
K.: Prendo anche questo libro, queste riviste per il viaggio, questo dizionario per gli esercizi che farò a casa, questa cartina della città e questo giornale italiano per ricordo! Ah, mi può dare anche questa bellissima penna con il logo di Tropea…Anzi, ne prendo due: una la regalerò a mio padre! Ah…E prendo anche queste cartoline: le spedirò dopo ai miei amici! Vende anche francobolli e buste?
G.: Si, abbiamo tutto!
K.: Ok, grazie. Ha anche per caso una scheda telefonica da 5 €?
G.: Si! Ecco il tutto. Sono 70 €.
K.: Caspita, com'è caro comprare souvenir a Tropea…
G.: Signorina, ma guardi quanta roba che ha comprato.
K.: Si, ha ragione. Come sempre, ho speso troppo. Sono una spendacciona. La prossima volta spenderò di meno. Ecco i 70 €!
G.: Arrivederci al prossimo anno e ai prossimi souvenir…
K.: Si, tornerò a Tropea! Ma con i souvenir ho chiuso… La saluto!

Individua e sottolinea tutti i verbi al futuro che trovi nel dialogo. Non conosci il futuro? Leggi il prossimo paragrafo!

Il futuro

Il futuro si usa per parlare di azioni, progetti, previsioni o promesse future. Ecco alcuni esempi.

Ti prometto che farò il bravo! (promessa)

Tra dieci anni Tropea sarà ancora più bella! (previsione)

L'anno prossimo lavorerò di più! (progetto)

Domani Franca andrà a Pizzo a mangiare un tartufo! (azione futura)

Il futuro di alcuni verbi frequenti.

verbi in -are	verbi in -ere	verbi in -ire
ascoltare	**leggere**	**dormire**
(io) ascolterò	(io) leggerò	(io) dormirò
(tu) ascolterai	(tu) leggerai	(tu) dormirai
(lui/lei) ascolterà	(lui/lei/Lei) leggerà	(lui/lei/Lei) dormirà
(noi) ascolteremo	(noi) leggeremo	(noi) dormiremo
(voi) ascolterete	(voi) leggerete	(voi) dormirete
(loro) ascolteranno	(loro) leggeranno	(loro) dormiranno
essere	**avere**	**fare**
(io) sarò	(io) avrò	(io) farò
(tu) sarai	(tu) avrai	(tu) farai
(lui/lei/Lei) sarà	(lui/lei/Lei) avrà	(lui/lei/Lei) farà
(noi) saremo	(noi) avremo	(noi) faremo
(voi) sarete	(voi) avrete	(voi) farete
(loro) saranno	(loro) avranno	(loro) faranno

I principali gruppi di verbi irregolari.

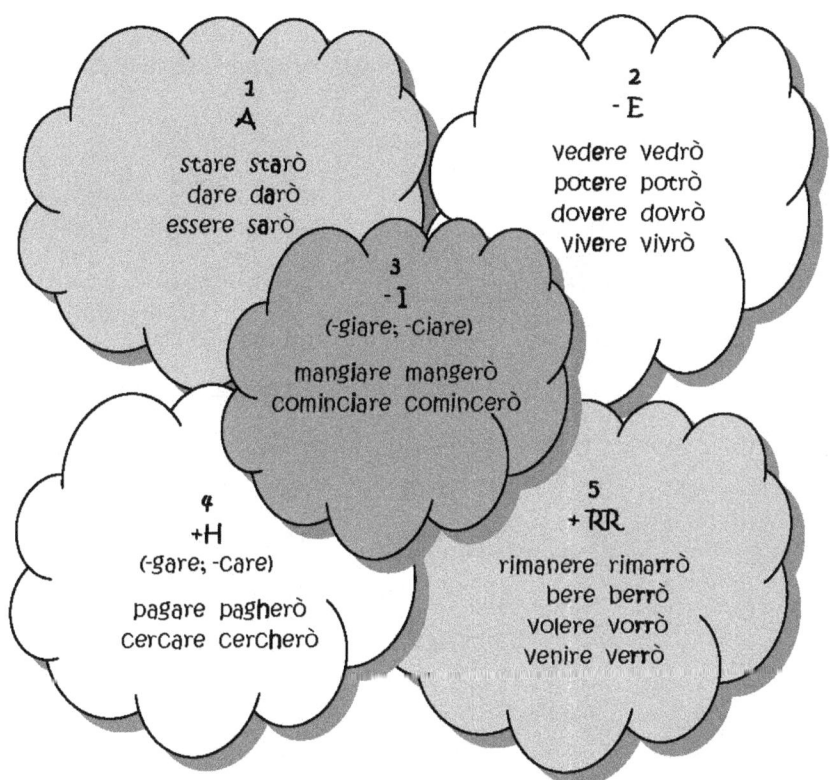

Completa le frasi con i verbi al futuro (Soluzioni a pag. 105).

1. Mi dispiace ma tu (potere) _____ essere fortunato in amore,
ma non lo (essere) _____ mai al gioco!
2. Stasera (io) non (mangiare) _____ perché devo andare ad un
matrimonio: si (sposare) _____ mia zia!
3. Mi sono promesso che (correre) _____ un giorno sì ed uno
no! (perdere) _____ sicuramente 10 chili!
4. L'anno prossimo (io, partecipare) _____ alle Olimpiadi! Mi
 (allenare) _____ e (nuotare) _____ tanto!
5. Chi (vivere) _____ (vedere) _____!

Di che segno sei?

Impara i segni zodiacali in italiano e completa l'esercizio sotto.

Segno	Nome	Date
♈	_____	21/03 - 20/04
♉	toro	21/04 - 20/05
♊	gemelli	21/05 - 21/06
♋	_____	22/06 - 22/07
♌	leone	23/07 - 22/08
♍	vergine	23/08 - 22/09
♎	bilancia	23/09 - 22/10
♏	scorpione	23/10 - 22/11
♐	_____	23/11 - 21/12
♑	capricorno	22/12 - 20/01
♒	acquario	21/01 - 19/02
♓	_____	20/02 - 20/03

Credi all'oroscopo?

Vai in edicola, compra per 3 giorni un giornale e leggi il tuo oroscopo. Sul tuo quaderno crea una tabella come quella qui sotto e riporta cosa dice il giornale. A fine giornata scrivi, invece, come è andata veramente!

-	I° giorno	II° giorno	III° giorno
oroscopo nel giornale	amore: _____ fortuna: _____ soldi: _____ salute: _____	amore: _____ fortuna: _____ soldi: _____ salute: _____	amore: _____ fortuna: _____ soldi: _____ salute: _____
la tua giornata...	amore: _____ fortuna: _____ soldi: _____ salute: _____	amore: _____ fortuna: _____ soldi: _____ salute: _____	amore: _____ fortuna: _____ soldi: _____ salute: _____

I comparativi e i superlativi

Impara a usare i comparativi e i superlativi italiani.

Sai che Carla è più simpatica di Giulia?*

No, non è vero! Giulia è più bella che simpatica **, ma anche lei è simpaticissima***! Anzi, secondo me è la più simpatica di Tropea****!

Max è meno <u>bello</u> di Matteo! Tropea è più <u>antica</u> di New York.

* Se si mettono a confronto due persone o due cose si usa questa costruzione:
più (meno) + [aggettivo] + **di**

--

Ballare mi piace più che <u>dormire</u>; Fabio è più <u>simpatico</u> che <u>bello</u>!

** Se si confrontano due aggettivi o due verbi normalmente la costruzione è questa:
più (meno) + [aggettivo] + **che** + [aggettivo]
più (meno) + [verbo] + **che**

--

Angelo è bellissim<u>o</u>; Ida è bellissim<u>a</u>; i bambini sono bellissimi; le bimbe sono bellissim<u>e</u>.

*** Il grado massimo di un aggettivo è il superlativo assoluto:
[aggettivo]+ **-issimo/a/i/e**
Naturalmente la desinenza -issimo dipende dal nome, come nel precedente esempio.

--

Luisa è la più bella della scuola!

**** Superlativo relativo:
[articolo] **più (meno)** + [aggettivo]+ **di**...

Metti le seguenti espressioni al posto giusto (Soluzioni a pag. 105).

> bellissima – pulitissimo – più bella – più piccolo di – più basso di

1. Il porto di Tropea è _____ quello di Gioia Tauro.
2. Sono alto un metro e settanta. Giulio è _____ me!
3. Tropea ha una spiaggia _____ e il suo mare è _____!
4. Qual è la città _____ del mondo?

Un po' di storia calabrese

Leggi il testo per scoprire la storia della nostra regione.

La Calabria è abitata fin dalla preistoria. I Greci sono quelli che la colonizzano maggiormente e la chiamano Italia. Vi fondano molte città, che diventano ben presto ricche e potenti, tanto che la Calabria prende il nome di "Magna Grecia". I Romani, poi, conquistano la regione e usano il nome "Italia" per tutta la penisola. I Calabresi non hanno mai amato i Romani, tanto che si alleano con Annibale durante le guerre puniche. Roma, però, una volta vinta la guerra, per punizione, taglia i boschi della Sila e delle altre montagne calabresi. Dopo la caduta dell'Impero Romano, la Calabria viene in seguito saccheggiata dai Visigoti e dai Goti. I Bizantini, poi, dominano per molti secoli. Mentre Arabi e Longobardi cercano invano di conquistarla, intorno al 1.000 d.C. ai Bizantini succedono i Normanni e poi gli Svevi sotto Federico II. Nell'anno 1250 Federico muore ed il regno va agli Angioini, che impongono il feudalesimo. Agli Angioini seguono gli Aragonesi, gli Spagnoli, gli Austriaci e i Borboni, e durante tutto questo periodo la popolazione inizia a muoversi sulle colline e sui monti, per sfuggire alla malaria e alle incursioni dei pirati saraceni e turchi. Nel XVIII secolo una terribile carestia e un fortissimo terremoto piegano la Calabria. Nel 1860 arriva Garibaldi e nel 1861 la Calabria entra nel regno d'Italia, con la speranza del progresso: al momento dell'unità la Calabria è la regione più povera d'Italia. Ma l'unità d'Italia produce solo emigrazione e miseria. Inizia così a diffondersi la criminalità e, per l'estrema povertà, i Calabresi sono costretti ad emigrare: la popolazione della regione praticamente si dimezza e, infatti, oggi sono milioni i Calabresi nel mondo. Solo lo sforzo del Fascismo e dei governi repubblicani contribuiscono in parte a rompere quest'isolamento e a risollevare leggermente l'economia calabrese, che resta comunque la regione più povera d'Italia. Oggi, grazie al turismo, molti centri abitati sono nati lungo le coste.

Un po' di domande

1. Quale popolo ha colonizzato di più la Calabria?
2. Qual è il nome originale di questa regione?
3. I Calabresi andavano d'accordo con i Romani?
4. Chi ha dominato la Calabria dopo i Romani?
5. Quando è entrata nel regno d'Italia?
6. Dopo l'unità d'Italia la Calabria è diventata ricca?
7. Qual è oggi la risorsa economica più importante?

Conosci la Calabria?

Guarda la cartina! Conosci questi posti? Sai perché sono importanti?
Abbina gli elementi della lista alle località calabresi
(Soluzioni a pag. 105).

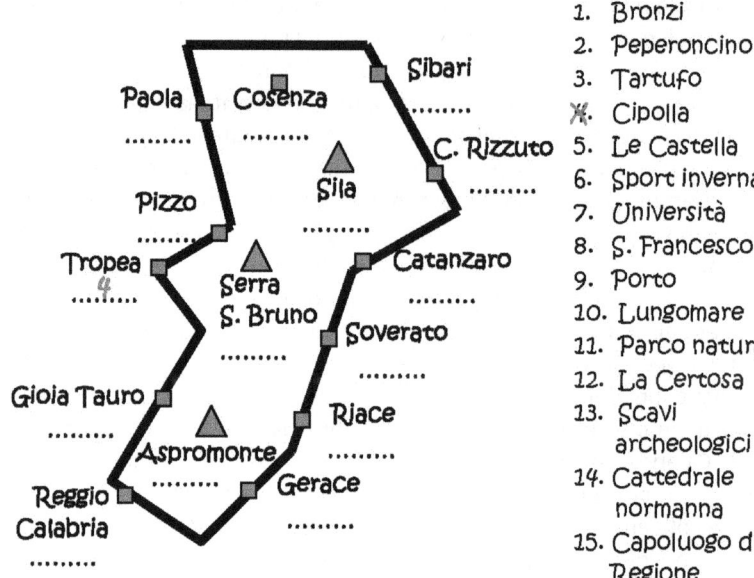

1. Bronzi
2. Peperoncino
3. Tartufo
4. Cipolla
5. Le Castella
6. Sport invernali
7. Università
8. S. Francesco
9. Porto
10. Lungomare
11. Parco naturale
12. La Certosa
13. Scavi archeologici
14. Cattedrale normanna
15. Capoluogo di Regione

Indica con una X le soluzioni esatte

1. Quanti abitanti conta la Calabria? Un milione___ / più di due milioni ___
2. Quante province ci sono? 6___ / 5___
3. Qual è la città più grande? Reggio Calabria___ / Cosenza___
4. Quanti chilometri di costa ha? 700 circa___ / più di mille ____
5. Dove sono oggi i Bronzi di Riace? Riace___ / Reggio Calabria ____
6. Con quale regione confina? Basilicata ___ / Puglia ____

L'imperativo

Usa l'imperativo per dare ordini e consigli!

* **"Dimmi"** e **"Vattene"** sono molto usati in italiano. Cosa significano? Usa queste due espressioni a Tropea per capirlo;-)!

verbi in -are
lavorare
(tu) lavora!
(Lei) lavori!
(noi) lavoriamo!
(voi) lavorate!

verbi in -ere
prendere
(tu) prendi!
(Lei) prenda!
(noi) prendiamo!
(voi) prendete!

verbi in -ire
dormire
(tu) dormi!
(Lei) dorma!
(noi) dormiamo!
(voi) dormite!

Attenzione: l'imperativo ha la stessa struttura del presente indicativo tranne che per:
- Lei formale;
- tu dei verbi in –are (finisce in –a);

I pronomi sono normalmente alla fine del verbo per tutte le persone ad eccezione del Lei:
- Passami il sale!
- Mi passi il sale, Lei!

L'imperativo di alcuni verbi irregolari frequenti...

fare
(tu) fa'!
(Lei) faccia!
(noi) facciamo!
(voi) fate!

dire
(tu) di'!
(Lei) dica!
(noi) diciamo!
(voi) dite!

andare
(tu) va'!
(Lei) vada!
(noi) andiamo!
(voi) andate!

dare
(tu) da'!
(Lei) dia!
(noi) diamo!
(voi) date!

stare
(tu) sta'!
(Lei) stia!
(noi) stiamo!
(voi) state!

venire
(tu) vieni!
(Lei) venga!
(noi) veniamo!
(voi) venite!

tenere
(tu) tieni!
(Lei) tenga!
(noi) teniamo!
(voi) tenete!

uscire
(tu) esci!
(Lei) esca!
(noi) usciamo!
(voi) uscite!

Completa il dialogo tra Antonio e Corinne, studentessa francese. Usa i verbi nel box coniugandoli all'imperativo (Soluzioni a pag. 105).

Sentire – uscire – ascoltare – andare – ordinare – seguire - usare

C.: Antonio, sent____, sai cosa si può fare a Tropea?
A.: Esc____ tutte le sere: è estate! Puoi trovare nuovi amici in piazza!
C.: In piazza? Ma in Francia non funziona così!
A.: Ascolt____, v____ in un bar da sola, ordin____ qualcosa da bere e...dopo cinque minuti un bel ragazzo comincerà a parlare con te!
C.: Non ci credo!
A.: Siamo a Tropea, Corinne! Segu____ il mio consiglio e ti divertirai! Se poi la compagnia non ti piace, puoi sempre dire: "Vattene"!
C.: E cosa significa?
A. : Us____lo e lo capirai!

I piatti di Tropea: gli antipasti

Stasera per cena venite a casa mia? Preparo...
LE BRUSCHETTE CON LA 'NDUJA

Ingredienti. A persona (2 bruschette a testa) servono:
1/4 di pane, 100 grammi di "nduja" piccante

Preparazione: tagliate due fette di pane dallo spessore di un dito e mettetele sulla griglia del forno per qualche minuto. Cuocete entrambi i lati. Levate il pane cotto dal forno e spalmate su uno dei lati del pane i 50 grammi di 'nduja. Rimettete in forno per qualche minuto e togliete quando la 'nduja appare dorata. Servite le bruschette ben calde con del buon vino rosso locale.

Completa l'esercizio ricostruendo, la preparazione del piatto

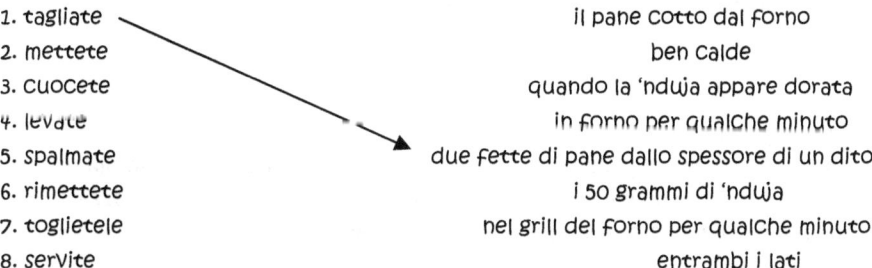

1. tagliate	il pane cotto dal forno
2. mettete	ben calde
3. cuocete	quando la 'nduja appare dorata
4. levate	in forno per qualche minuto
5. spalmate	due fette di pane dallo spessore di un dito
6. rimettete	i 50 grammi di 'nduja
7. toglietele	nel grill del forno per qualche minuto
8. servite	entrambi i lati

UN ANTIPASTO MISTO LOCALE

Ingredienti. Per ogni persona servono:
1 cucchiaiata di melanzane sott'olio, 4 pomodori secchi sott'olio, 2 fette di pecorino di Monte Poro, 1 ricotta fresca, 1 cucchiaiata di olive verdi schiacciate e 1 di olive nere infornate,1 cucchiaiata di funghi porcini sott'olio, 1 cucchiaiata di alici sott'olio, 1 fetta di salame locale, 25 grammi di "nduja" piccante, 2 fette di pancetta, ¼ di pane.

Conosci tutti gli ingredienti? Cercali in giro a Tropea.

_____

_____

_____

I piatti di Tropea: i primi

Stasera per cena venite a casa mia? Preparo...
LA PASTA CON LA 'NDUJA E LA CIPOLLA

Ingredienti. Per 4 persone servono:
500 grammi di pasta (fileja, spaghetti, penne o tortiglioni),200 grammi di "nduja" piccante, 1 cipolla rossa di Tropea, olio d'oliva, ½ litro di passata di pomodoro, 400 grammi di pecorino grattugiato, sale.

Chiedi un po' in giro e completa la preparazione del piatto.

Preparazione: in una padella soffriggete nell'olio d'oliva la _____ tagliata fine. Quando la cipolla è dorata, versate dentro la _____. Mescolate bene il tutto e quando la "nduja" è dorata, versate la _____, 2 bicchieri d'acqua e sale. Cucinate a fuoco _____, per 30 minuti. Fate intanto _____, l'acqua per la _____, salatela, versate la pasta e cucinatela. Scolate la pasta e versatela nella padella con la 'nduja e la cipolla. Cucinate il tutto per 1 minuto e infine servita con una spolverata di _____.

LA PASTA COL POLIPO

Ingredienti. Per 4 persone servono:
500 grammi di pasta (spaghetti o linguine),500 grammi di polipi, ½ cipolla rossa di Tropea, 2 spicchi d'aglio, pepe nero, ½ bicchiere d vino bianco, ½ mazzetto di prezzemolo, sale, olio d'oliva, peperoncino piccante, ½ litro di passata di pomodoro.

Completa la ricetta coniugando i verbi all'imperativo alla II° persona singolare (tu) (Soluzioni a pag. 105).

Preparazione: lav____ e pul____ il polipo (levando gli occhi, la bocca e le budella). Se il polipo è grosso dev____ batterlo con un sasso. Mett____lo a bollire per circa 1 ora. Togl____lo poi dall'acqua, lev____gli la pelle rossa e tagli____lo a pezzi. In una padella soffrigg____ nell'olio d'oliva l'aglio e la cipolla tagliata fine. Quando il tutto è dorato, vers____ il polipo e dopo 1 minuto il vino bianco. Cucin____lo un po' e aggiung____ la passata, 2 bicchieri d'acqua, il sale ed il peperoncino. F____ consumare a fuoco basso per almeno 1 ora, finché il polipo è tenero. F____ bollire l'acqua per la pasta, sal____la, vers____ la pasta e cucin____la. Scol____la e vers____la nella padella con il polipo. Cucin____ il tutto per 1 minuto e infine serv____ nel piatto con del prezzemolo tagliuzzato e un pizzico di pepe nero.

I piatti di Tropea: i secondi

Stasera per cena venite a casa mia? Preparo...

IL POLLO CON LA CIPOLLA

Leggi la preparazione e complete gli ingredienti mancanti.

Ingredienti. Per 4 persone servono:
1 chilo di cosce e petti di _____ tagliato a pezzi, 4 _____ rosse di Tropea, 1 _____ verde, 2 _____ , _____ nero, _____ , _____ d'oliva.

Preparazione: lavate e pulite i pezzi di pollo. Salateli e metteteli in una padella. Tagliate a rotelle le cipolle, i pomodori e il peperone e versateli nella padella. Aggiungete infine il pepe nero, il sale, l'olio d'oliva e 3 bicchieri d'acqua. Accendete a fuoco basso e fate consumare il tutto per almeno 2 ore, girando il pollo di tanto in tanto. Quando il tutto è ben cotto, lasciate riposare per qualche minuto e servite ben caldo.

SURICI FRITTI MISTI

Ingredienti. Per ogni persona servono:
4/5 "surici", 50 grammi di farina 00, sale, olio d'oliva, ½ limone.

Chiedi in giro come si fanno i "surici" fritti e scrivi sul tuo quaderno la preparazione. Leggila poi a qualche esperto e vedi se è giusta.

_____
_____
_____
_____
_____
_____
_____
_____
_____

I piatti di Tropea: i contorni

Stasera per cena venite a casa mia? Preparo...
UN'INSALATA DI POMODORI E CIPOLLA

Ingredienti. Per 4 persone servono:
8 pomodori rossi da insalata, 2 cipolle rosse di Tropea, 5 foglie di basilico, ½ pugno di origano, ½ pugno di capperi, ½ chilo di pane, sale, olio d'oliva.

Chiedi in giro e metti in ordine le frasi per capire la preparazione della ricetta.

preparazione: _____tagliatele a rotelle   _____metteteli in una insalatiera

__9__mescolate il tutto   _____tagliateli a rotelle

__1__lavate i pomodori   _____lavate il basilico e i capperi

__4__sbucciate le cipolle   _____mettetele nell'insalatiera

_____metteteli nell'insalatiera insieme all'origano, al sale e all'olio d'oliva.

I PEPERONI E I POMODORI ARROSTITI

Ingredienti. Per 4 persone servono:
7 peperoni, 3 pomodori da insalata, sale, olio d'oliva, ½ chilo di pane casereccio.

Preparazione: arrostite i peperoni e i pomodori sulla brace o in una padella, finché non sono del tutto neri in superficie. Toglieteli dalla brace e metteteli in un piatto. Fateli raffreddare e poi sbucciateli, levando il nero. Togliete poi il gambo e i semi dei peperoni (non tutti), tagliateli a pezzi e metteteli in un piatto. I pomodori invece non tagliateli, ma metteteli nel piatto dove ci sono i peperoni. Infine nel piatto aggiungete il sale e l'olio d'oliva.

Hai mai mangiato questo piatto? Chiedi a qualche amica tropeana di cucinarlo per te!

_____

_____

_____

I piatti di Tropea: i dolci

Stasera per cena venite a casa mia? Preparo...
GLI SCIÙ

Ingredienti. Per 4 persone servono:
Per la pasta degli sciù:
300 grammi di farina 00, 150 grammi di burro, ½ litro d'acqua, 7 uova, 1 limone.
Per fare la crema di cacao:
1 litro di latte, 300 grammi di farina 00, 2 tuorli d'uova, 1 limone, 120 grammi di zucchero, 1 pacco di cacao amaro.
Per fare la crema bianca:
- 1 litro di latte, 300 grammi di farina 00, 2 tuorli d'uova, 1 limone, 120 grammi di zucchero.

Preparazione: preparate prima la pasta degli sciù. Mettete a bollire nel ½ litro d'acqua il burro e la buccia di limone. Quando l'acqua bolle versate la farina e mescolate con cura finché il tutto non è ben denso. Versate poi il tutto in una ciotola e fate raffreddare. Quando è freddo mettete un uovo alla volta e impastate per bene finché il composto non è ben denso. Create con il composto dei panini e infornateli tutti a 150 gradi in una teglia imburrata per 30 minuti. Levateli dal forno e fateli raffreddare. Fate poi la crema di cacao: in una pentola unite la farina, le uova e lo zucchero. Mettete sul fuoco aggiungendo il latte poco per volta, il cacao e la buccia di limone. Mescolate per bene il tutto e quando è denso, levatelo dal fuoco e mettetelo in frigo. Fate poi la crema bianca: il procedimento è lo stesso solo che non dovete mettere il cacao. Infine fate gli sciù: tagliate i panini e con un cucchiaio riempiteli metà di crema bianca e metà di crema di cacao. Chiudeteli e infine cospargeteli di zucchero a velo.

Vediamo se hai capito... Vero o falso?

1. Si prepara prima la crema di cioccolato. vero___ / falso___
2. Nella crema bianca bisogna mettere. burro___ / panna___
3. Nella pasta si mette un po' di gin. vero___ / falso___
3. Gli sciù si mangiano caldi. vero___ / falso___
4. Per farli si può usare anche solo un tipo di crema? vero___ / falso___
5. Alla fine si mette lo zucchero a velo. vero___ / falso___

Un po di espressioni comuni

Per conoscere bene una lingua bisogna imparare a usare anche le espressioni più comuni e le parolacce più usate. Usatele con parsimonia! Gli italiani si potrebbero offendere!

Stai tagliando il pane e ti tagli un dito. **Accidenti!**
Hai perso gli occhiali da sole in spiaggia. **Mannaggia alla miseria!**
Il tuo amico / la tua amica ti ha mentito. **Sei uno stronz-o/a!**
Qualcuno ti ha rubato il portafoglio. **'Sto figlio di puttana!**
La tua nazionale ha perso la finale ai mondiali di calcio. **Merda!**
Un tizio con la macchina non si è fermato allo stop. **Vaffanculo!**
Un tizio parla con te, ma tu vuoi dormire. **E mo' mi hai rotto le scatole!**
Un tizio vuole per forza venderti un orologio: **Mi hai rotto le palle!**
Hai appena tamponato una macchina di lusso. **E che cazzo!**
Un tizio ti fa sempre gli scherzi al telefono. **Ma che cazzo vuoi?**
Ti sei rotto una gamba correndo in spiaggia. **Porco Giuda!**
Un tizio ti ha fatto un complimento non gradito. **Vai a cacare!**
Un tizio ti ha insultato/a. **Questo glielo dici a tua mamma/sorella!**
Il tuo fidanzato ti ha tradito. **Sei una testa di cazzo!**
Un tuo amico continua a negarti una cosa evidente. **Faccia da culo!**
La tua ragazza ti ha mentito. **Sei una bugiarda!**

Ma impara anche a scusarti... A volte qualche parolaccia o qualche parola di troppo può scappare...

Hai detto una parolaccia di fronte a delle persone. **Scusate, non volevo!**
Hai detto una cosa di cui ti sei pentito/a. **Perdonami, mi è scappato!**
Un tizio si sente offeso per una parolaccia che hai detto. **Non era riferito a te!**
Un amico/a si è arrabbiato per ciò che hai detto. **Dai, stavo scherzando!**
Un amico se l'è presa per una cosa da niente. **Mamma mia, come sei permaloso!**
Un tizio ti rimprovera per il tuo linguaggio. **In italiano è una parolaccia? Scusa, non lo sapevo.**

Animali a Tropea

Completa la lista. Quali animali hai visto a Tropea?

Quali sono i tuoi animali preferiti?

I miei animali preferiti sono...

L'arte a Tropea

Tropea è una città ricca d'arte...

Guarda le immagini e abbinale ai nomi della lista (Soluzioni a pag. 105)!

la cupola del Duomo _____

la Natività di Grimaldi _____

l'Annunziata _____

il Crocifisso nero _____

l'Altare di S. Alfonso _____

il monumento ai caduti _____

l'antico sedile _____

Fai un giro a Tropea e scopri dove si trovano le opere precedenti.

Per saperne di più, usa queste espressioni.

Chi l'ha fatto questo?
A che epoca risale?
In che secolo/anno è stato fatto?
In che stile è quest'opera/monumento?

Tropea è anche ricca di pittori. Chiedi un po' in giro e scopri i pittori più famosi di Tropea e in che stile dipingono.

Il paesaggio di Tropea

Completa i seguenti testi con le parole ed espressioni nei box
(Soluzioni a pag. 105).

> 1. tramonti – Tirreno – Stromboli – bianco – Eufemia - cielo

1. Tropea è una piccola cittadina della Calabria in provincia di Vibo Valentia sul mar _____; situata tra il Golfo di S. _____ (Nord), Capo Vaticano (Sud), l'isola vulcano di _____ (Ovest) e l'altopiano del Poro (Est), gode di un paesaggio incantevole. Tropea è una tavolozza piena di colori paradisiaci: l'azzurro turchese del mare e del _____, il _____ candido delle spiagge, il verde lussureggiante delle sue colline e il rosso infernale dei _____ che "giocano" con il vulcano a picco sul mare...

> 2. scoglio – mare – Leonardo – scogliera – giardino - porto

2. Il territorio di Tropea è diviso in due parti: la marina e la città. La zona della marina si estende per più di 4 km. In questa zona oltre a trovare il bellissimo _____ artificiale, ricco di barche e velieri, troviamo il verde scoglio di S. _____ e il meraviglioso _____ di S. Maria dell'Isola (il simbolo di Tropea che raggiunge i 50 metri d'altezza e sulla cui cima è situata la piccola chiesa e lo splendido _____ pieno di piante mediterranee). Dopo lo scoglio dell'Isola abbiamo 2 km ininterrotti di spiagge bianche, che si riflettono su un _____ limpido e pulito come pochi. Le spiagge terminano con una _____ incontaminata fino allo scoglio detto "U passu Cavaleri".

> 3. croce – rupe – Angelo - colline

3. La città invece è situata ad un'altezza variabile che va dai 50 a 70 metri sulla zona della marina. Come il centro storico, tutta la città è poggiata su una _____ di tufo. Ad est Tropea è circondata da verdi _____. La collina più imponente è quella di S. _____ che arriva a toccare i 264 metri di altezza e sulla cui cima è situata una _____.

Scrivi una cartolina da Tropea

Compra, scrivi e manda una cartolina in italiano. Usa le espressioni qui sotto e descrivi come va la tua vacanza-studio.

> Ciao - Come va? - Qui è... - Spero... - Ti scrivo da... - Salutami...

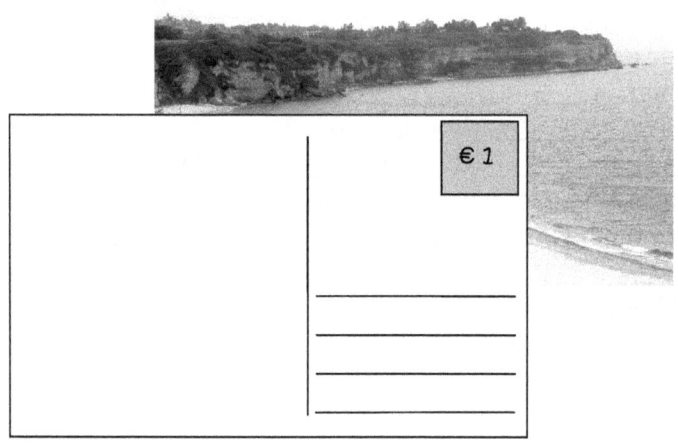

Completa il testo seguente con le seguenti parole (Soluzioni a pag. 106).

> Chatta – naviga – Internet – siti – mail – blog – PC - digitale

Bryan non vuole mandare una cartolina a sua sorella! Sua sorella è un tipo moderno: _____ in Internet, _____, invia e riceve sempre _____ e ha un _____ tutto suo. Bryan perciò scatta una foto di Tropea con la sua macchina fotografica _____, va all'_____ caffè, scarica la foto sul _____ e invia una mail a sua sorella per dirle che la vacanza-studio procede bene. Poi si mette a navigare, a chattare con i suoi amici e a controllare i _____ che gli interessano... Bryan pensa che in futuro le cartoline non ci saranno più!

I pronomi relativi

Impara l'uso dei pronomi relativi.

* "Che" permette di legare due frasi

Invece di dire:
Questa è una ragazza. Ho conosciuto questa ragazza a Tropea;
si dice:
Questa è la ragazza che ho conosciuto a Tropea.

** "Chi" può essere:
a) un interrogativo

Esempio: *Chi ha fatto questo?*

b) Un pronome misto che significa "la persona che":

Esempio: *Chi viene a Tropea, ci sta bene!*

Completa le seguenti frasi con "chi" o "che" (Soluzioni a pag. 106).

1. _____ non va al mare a Tropea fa un grande errore!
2. Le mele _____ ho comprato al mercato sono squisite.
3. Suonano alla porta. _____ è?
4. _____ è l'assassino?
5. C'è qualcosa _____ non va!

Chi ce l'ha questo?

Scopri cosa hanno i tropeani. Fa' un po' di domande in giro.
Scopri come si usano "tutti", "nessuno", "molti", "qualcuno".

Esempio:
- *Chi ce l'ha la barca?*
- *A Tropea ce l'hanno molti.*

Ecco alcune cose che potresti chiedere.

- *Chi ce l'ha la Ferrari?*
- *Chi ce l'ha la villa in campagna?*
- *Chi ce l'ha il libro "impariamo l'italiano a Tropea"?*

Possibili risposte:

> A Tropea non ce l'ha nessuno – A Tropea ce l'hanno tutti –
> A Tropea ce l'ha solo qualcuno – A Tropea ce l'hanno in molti

Sei ancora curioso? Trova altri oggetti e domanda ai Tropeani.

E tu ce l'hai?

Se qualcuno ti domanda se hai qualcosa (*es.: ce l'hai il libro?*), potresti rispondere così:

- *Sì, (il libro) ce l'ho. / No, non ce l'ho.*

- *Sì, (la penna) ce l'ho. / No, non ce l'ho.*

- *Sì, (i libri) ce li ho. / No, non ce li ho.*

- *Sì, (le penne) ce le ho. / No, non ce le ho.*

Alla Pro Loco di Tropea

Leggi e interpreta il dialogo tra Max (un tedesco che studia a Tropea e che vuole sapere cosa può visitare) e l'impiegato della Pro Loco di Tropea. Alla fine rispondi alla domanda.

Max vuole sapere cosa può visitare a Tropea e allora va a chiedere alla Pro Loco.

M.: Buongiorno, è questo l'ufficio informazione turistica di Tropea?
I.: Si è questo. Di quale informazione hai bisogno?
M.: Vorrei sapere se c'è qualcosa da visitare: un museo o una mostra...
I.: Si, abbiamo un museo e questa settimana c'è anche una mostra!
M.: Ah... un museo! E mi saprebbe dire dov'è, quando è aperto e quanto costa il biglietto d'entrata?
I.: Ecco: questo è il depliant del museo: qui ci sono tutte le informazioni.
M.: Grazie! Ah...Un'altra cosa: ci sono visite guidate del centro storico e delle chiese principali?
I.: No, nessuna visita guidata, ma in questa cartina ci sono i più bei luoghi da visitare. Puoi farti da solo un giro in centro e in questa mappa trovi le notizie più utili.
M.: Grazie! Molto gentile! Eh, Sì! Farò di sicuro un giro. Buona giornata.
I.: Buona giornata e buone vacanze! Per qualsiasi altra cosa, siamo qui!

Max farà una visita del centro?   sì __ / no __

Oggi a Tropea è festa...

Chiedi un po' in giro e completa l'esercizio: abbina le date o l'avvenimento al nome della festa.

Capodanno	La domenica prima della quaresima
Epifania	3 maggio
San Valentino	8 dicembre
Domenica di Carnevale	23 marzo
Festa di San Giuseppe	1 gennaio
Fiera dell'Annunziata	Il giorno dopo Pasqua
Festa della Madonna di Romania	6 gennaio
Venerdì Santo	1 maggio
Pasqua	2 giugno
Pasquetta	27 marzo / 9 settembre
San Francesco di Paola	19 marzo
Liberazione dell'Italia	25 aprile
Festa del lavoro	Resurrezione in cielo di Gesù
'I Tri da Cruci'	Morte di Gesù
Festa della Repubblica italiana	2 aprile
Festa di S. Antonio	14 febbraio
Festa della Madonna dell'Isola / Ferragosto	24 dicembre
Giorno dell'Immacolata	31 dicembre
Vigilia di Natale	15 agosto
Natale	13 giugno
Notte di San Silvestro	25 dicembre
Il tuo compleanno	_____
Il tuo onomastico	_____
Il tuo anniversario di matrimonio	_____

Chiedi un po' in giro e scopri cosa si fa nei giorni di festa a Tropea.

Alcune espressioni utili.

auguri! – auguroni! - felice anniversario - cento di questi giorni - buon compleanno - buon onomastico - buone feste - buon Natale!– buon anno - felice anno nuovo - buon anno

Le costruzioni verbali

Impara qui alcune importanti costruzioni verbali italiane.

Ciao Giulio cosa stai facendo?*

*Sto per tornare a casa**!*

*Stare + [il gerundio] dà enfasi ad un azione nel momento in cui succede.

**Stare + per + [l'infinito] descrive un'azione che succederà in un futuro molto vicino.

Come si forma il gerundio?

infinito	verbi in - are:	verbi in - ere:	verbi in - ire:
	and - are	vend - ere	dorm - ire
gerundio	and - ando	vend - endo	dorm - endo

Abbina le frasi delle due colonne(Soluzioni a pag. 106).

1. Sono in ritardo!
2. Sto per uscire!
3. L'insegnante sta facendo lezione!
4. Sta piovendo!
5. Sto leggendo!
6. Sta' zitta!

A. Ma io ho l'ombrello.
B. Non posso rispondere al telefono.
C. E' un romanzo di Moravia.
D. Non posso entrare più in classe.
E. Il film sta per cominciare.
F. Luisa mi sta aspettando.

Le preposizioni e i verbi.

a	di
Andare a fare qualcosa	
Venire a fare qualcosa	
Cominciare a fare qualcosa	Finire di fare qualcosa
Iniziare a fare qualcosa	Terminare di fare qualcosa
Provare a fare qualcosa	Cercare di fare qualcosa
	Tentare di fare qualcosa

Completa le frasi con le preposizioni esatte (Soluzioni a pag. 106).

1. Vieni _____ giocare con noi?
2. Hai finito _____ lavorare?
3. Prova _____ studiare! Altrimenti non ti laurei più!
4. A che ora inizi _____ lavorare?
5. Basta! Vado _____ dormire. Non ce la faccio più!

Chi lo sta facendo? Metti le seguenti espressioni al posto giusto.

sta pulendo - sta cantando - stanno giocando
sta scrivendo - sta dormendo - stanno applaudendo

a)_____ b)_____ c)_____

d)_____ e)_____ f)_____

In banca a Tropea

Leggi e interpreta il dialogo tra Sabine (una danese che studia a Tropea e che ha perso la carta di credito) e l'impiegato della banca di Tropea. Alla fine rispondi alla domanda.

Sabine sta facendo shopping a Tropea, quando si accorge che ha perso la carta di credito...

Al negozio di vestiti...
S.: Quanto costa questa maglietta?
C.: Sono 40 €.
S.: Posso pagare con la carta di credito?
C.: Certo, mi dia pure...
S.: Accidenti, l'ho persa! Passo dopo per la maglietta, ora devo andare in banca!

Allo sportello della banca...
S.: Salve, ho perso la mia carta di credito! Potrebbe bloccarmela?
I.: Certo! Mi può dare il numero della carta?
S.: Si 1234567887654321! Voglio anche ritirare 500,00 euro dal mio conto.
I.: No, mi dispiace signorina, ma non può prelevare in una banca diversa dalla sua.
S.: E come faccio adesso? Non ho un euro, neanche per mangiare...
I.: Deve chiamare a casa e farsi spedire dei soldi.
S.: Grazie è stato gentile. Chiamo subito mio padre! Buona giornata!
I.: Arrivederci e in bocca al lupo
S.: Crepi il lupo!

Sabine è riuscita a bloccare la sua carta di credito? Sì __ / No __

Turisti a Tropea...

Tropea è una città turistica molto frequentata: Quali turisti hai visto? Scrivilo nel tuo quaderno come nell'esempio.

italiani	stranieri
napoletani (Napoli)	tedeschi (Germania)
_____	_____
_____	_____
_____	_____
_____	_____

Quanti turisti visitano ogni anno Tropea? Chiedi un po' in giro.

Da 10.000 a 20.000 ___
Da 20.000 a 50.000 ___
Da 50.000 a 100.000 ___
Da 100.000 a 500.000 ___

Secondo te...

Rispondi con una X alle seguenti domande sul turismo a Tropea.

1. Secondo te, Tropea è una cittadina turistica attrezzata? Sì__ / No__
2. Secondo te, Tropea potrebbe offrire di più? Sì__ / No__
3. Secondo te Tropea avrebbe bisogno di più: hotel__ / discoteche__ /bar __ / negozi__ / pulizia__ / ordine__
4. Secondo te il turismo qui è destinato a: aumentare__ / diminuire__
5. Gli operatori turistici sono: ospitali__ / professionali__ / gentili__
6. Che tipo di gente viene a Tropea? ricca__ / comune__ / povera__ /
7. A Tropea c'è un turismo culturale? Sì__ / No__

Amare e litigare a Tropea

Ed eccoti le frasi ed espressioni tipiche degli innamorati.

Amare

Ti amo!
Ti adoro!
Ti voglio bene (TVB)!
Sei il mio amore
Staremo insieme per sempre!
Voglio ricominciare!
Ti amerò per sempre!

Litigare

Basta! Non ti amo più!
Ti odio!
Non ti voglio più bene!
Ti lascio, ho un'altra / ho un altro
Finiamola così!
Basta! Tra noi è finita!

Crea una mappa mentale con le parole ed espressioni che ti vengono in mente pensando alla parola "amore".

In hotel

Leggi e interpreta il dialogo tra Boris e Lena (due fidanzati russi che studiano a Tropea e che sono costretti a lasciare la loro casa in affitto) e il receptionist di un Hotel di Tropea.

Boris e Lena lasciano l'appartamento preso in affitto, poiché si sono rotti i tubi dell'acqua e devono andare in albergo...

B.: Buongiorno, avete una camera libera per stasera? Vorremmo una matrimoniale!
H.: Sì, abbiamo una doppia. Per quante notti vi servirebbe? Volete solo dormire, o avete bisogno di pensione completa o di mezza pensione?
L.: Non sappiamo ancora per quante notti... Forse tre o quattro. Quanto ci costerebbe solo dormire con la colazione?
H.: Sono 40 € a testa!
B.: Accidenti! È caro! Ma qui non c'è un ostello della gioventù?
H.: No, non c'è! Ma se volete ho una piccola stanza con 2 letti singoli e con il bagno in comune con altre persone! 20 € a testa!
B.: Sì, questa potrebbe andare bene! Possiamo vederla?
H.: Certo, seguitemi!
L.: Ah scusi, prima di vedere la camera abbiamo alcune domande: fino a che ora sono aperti il bar, il ristorante e la reception? E qui possiamo tenere gli oggetti di valore? E gli asciugamani ci sono?
H.: Mamma mia quante domande! C'è tutto ragazzi! Allora, la prendete o no, la camera?
L.&B.: Certo che la prendiamo!

Cerca tutti i verbi al condizionale che trovi nel dialogo.
Non conosci il condizionale? Leggi il prossimo paragrafo!

Il condizionale

Impara l'uso del condizionale in italiano.

* Il condizionale si usa per esprimere desideri, azioni non sicure, per dare consigli e per essere più gentili.

Il condizionale di alcuni verbi frequenti.

verbi in -are	verbi in -ere	verbi in -ire
ascoltare	leggere	dormire
(io) ascolterei	(io) leggerei	(io) dormirei
(tu) ascolteresti	(tu) leggeresti	(tu) dormiresti
(lui/lei) ascolterebbe	(lui/lei) leggerebbe	(lui/lei) dormirebbe
(noi) ascolteremmo	(noi) leggeremmo	(noi) dormiremmo
(voi) ascoltereste	(voi) leggereste	(voi) dormireste
(loro) ascolterebbero	(loro) leggerebbero	(loro) dormirebbero
essere	avere	fare
(io) sarei	(io) avrei	(io) farei
(tu) saresti	(tu) avresti	(tu) faresti
(lui/lei/Lei) sarebbe	(lui/lei/Lei) avrebbe	(lui/lei/Lei) farebbe
(noi) saremmo	(noi) avremmo	(noi) faremmo
(voi) sareste	(voi) avreste	(voi) fareste
(loro) sarebbero	(loro) avrebbero	(loro) farebbero

I principali gruppi di verbi irregolari al condizionale.

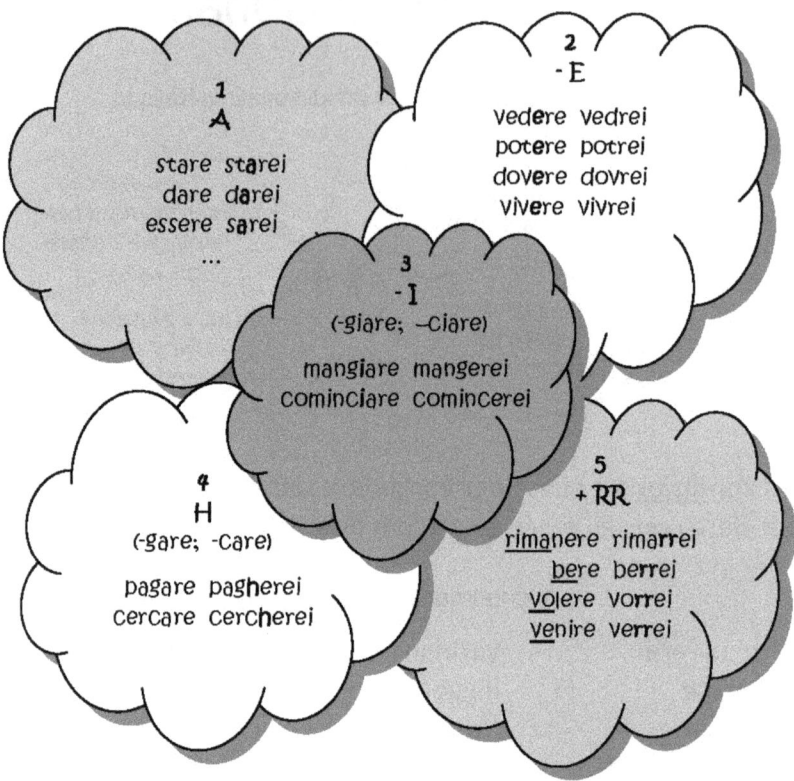

Completa le frasi con i verbi al condizionale che trovi nel box (Soluzioni a pag. 106).

| passeresti – piacerebbe – mangerei – potremmo - faresti - dovresti |

1. Mi _____ andare al mare tutti i giorni.
2. _____ lavorare di meno!
3. Siamo in auto da un sacco di tempo. _____ finire la benzina da un momento all'altro.
4. Adesso mi _____ un bel gelato!
5. Mi _____ il sale, per favore?
6. Aiutami stasera! Mi _____ un grandissimo piacere!

All'aeroporto di Lamezia Terme

Cosa puoi chiedere prima di prendere l'aereo? Ecco le domande più utili.

Posso andare all'aeroporto con il treno?
_____

Come ci arrivo con la macchina?
_____

Posso andarci con l'autobus?
_____

Ci sono dei taxi per l'aeroporto?
_____

All'aeroporto c'è un ristorante o un bar?
_____

Posso comprare il biglietto direttamente all'aeroporto?
_____

Da quale gate partono i voli di prima classe?
_____

A che ora parte il primo aereo?
_____

A che ora arriva l'ultimo aereo?
_____

A che ora chiude l'aeroporto?
_____

Ci sono dei taxi all'aeroporto?
_____

Ci sono dei "duty-free" all'aeroporto?
_____

Che negozi ci sono all'aeroporto?
_____

Torno a casa...

Prepara la valigia: cosa ti devi ricordare di metterci?
Scrivilo sul tuo quaderno.
Com'è stata la tua vacanza-studio a Tropea?

molto istruttiva __ / poco istruttiva __ / una brutta esperienza __ / una bella esperienza __ / la consiglio vivamente __ / la sconsiglio __ / una cosa da rifare __ / una cosa da non rifare mai più __ / divertente __ / noiosa __ / interessante __

E com'è stato imparare l'italiano?

bello __ / brutto __ / interessante __ / poco interessante __ / utile per il futuro __ / inutile __ / divertente __ / pesante __ / facile __ / più facile che imparare altre lingue __ / difficile __ / difficilissimo ?

Dove devi tornare? Completa

Io sono un (una) _____ e devo tornare in (negli) _____, dove abitano i (gli, le) _____, ma (non) mi piacerebbe tornare a Tropea in vacanza (per viverci).

Vuoi continuare a imparare l'italiano?

Complimenti! Hai completato tutte le lezioni di "**Impariamo l'italiano a Tropea**". Forse ora hai voglia di ritornare (o venire per la prima volta) a Tropea e goderti le bellezze paesaggistiche e i deliziosi piatti tipici della cucina calabrese.

Riesci a immaginare il mare, limpido e cristallino, nel quale hai nuotato (o potresti nuotare) qui a Tropea? Aggiungici un po' di sole, tanto calore umano e la possibilità di continuare a imparare l'italiano con un insegnante certificato a tua disposizione.

A Tropea potrai fare tanti giochi, conversazioni ed esercizi per rendere il tuo Italiano automatico.

Non puoi venire a Tropea? Incontra il tuo insegnante online! Ecco i vantaggi dell'apprendimento online:

* incontri l'insegnante senza muoverti da casa;
* decidi tu quante volte vuoi incontrare l'insegnante;
* raggiungi i tuoi obiettivi con la giusta motivazione;
* decidi tu quanto spendere, fissando la frequenza che preferisci (una volta al giorno, una volta alla settimana o una volta al mese);
* la prima lezione è assolutamente gratis.

Per tutte le informazioni e i dettagli, visita il sito:

www.italianoinitalia.com .

Continua a divertirti!

Soluzioni

I sostantivi: 1. M - 2. M - 3. M - 4. F - 5. M - 6. F - 7. F - 8. M - 9. F - 10. M - 11. M - 12. M - 13. M - 14. M - 15. M - 16. F - 17. F.

Gli articoli indeterminativi: 1. una - 2. una - 3. uno - 4. uno - 5. un - 6. una - 7. un - 8. una - 9. un' - 10. un - 11. una - 12. una - 13. un.

Gli articoli determinativi: 1. La - 2. L' - 3. La - 4. Il - 5. Il - 6. Il - 7. La - 8. Gli - 9. Il - 10. L' - 11. La - 12. Il - 13. Il - 14. La - 15. Il.

Conosci Tropea?: 6 - 8 - 3 - 5 - 7 - 2 - 1 - 4.

Gli aggettivi: 1. bello; limpida - 2. sporchi; inquinati - 3. simpatica; carina - 4. antipatiche; invidiose - 5. interessante - 6. feroce; cattivo.

Le preposizioni: 1. a; con - 2. di; a - 3. in - 4. da - 5. in; in - 6. in; con - 7. di; da - 8. a; in. - 9. Per; con - 10. in; con - 11. di - 12. con - 13. con.
Secondo esercizio: 1. con - 2. a - 3. per - 4. di; di - 5. Per - 6. a; a - 7. con - 8. di; a

Le preposizioni articolate: 1. sull' - 2. nello - 3. dell' - 4. negli - 5. Nelle - 6. dal - 7. sul - 8. Alle; sul - 9. Del - 10. dal - 11. al - 12. Negli - 13. dei.

Il passato prossimo: 1. lavorato - 2. cucito - 3. ceduto - 4. mangiato - 5. finito - 6. insegnato - 7. guardato - 8. cucinato - 9. premuto.

I pronomi personali: 1. Mi – 2. ti – 3.- l' – 4. ti, ti, 5. mi, me – 6. lo – 7. mi

I personaggi famosi di Tropea: 1. P. Galluppi - 2. S. Domenica - 3. F.lli Vianeo - 4. R. Vallone.

I possessivi: 1. mio - 2. suoi - 3. tuo; mio - 4. miei - 5. mio - 6. mia.

A scuola a Tropea: 1. il mio - 2. la sua - 3. i tuoi - 4. nostra - 5. Mia; il mio - 6. mio - 7. Il mio.

Dov'è Tropea?: 1. 110 - 2. 600 - 3. 1900 - 4. 1400 - 5. 3400 - 6. 120 - 7. 1200 - 8. 2250 - 9. 1600 - 10. 1400.

I dintorni di Tropea: 1. Parghelia - 2. Pizzo - 3. Santa Domenica - 4. Capo Vaticano - 5. Spilinga e Monte Poro.

Il futuro: 1. potrai; sarai - 2. mangerò; sposerà - 3. correrò; perderò - 4. parteciperò; allenerò; nuoterò - 5. vivrà; vedrà.

I comparativi e i superlativi: 1. più piccolo di - 2. più basso di - 3. bellissima; pulitissimo - 4. più bella.

Conosci la Calabria?: 1. Riace - 2. Soverato - 3. Pizzo - 4. Tropea - 5. C. Rizzuto - 6. Sila - 7. Cosenza - 8. Paola - 9. Gioia Tauro - 10. Reggio Calabria - 11. Aspromonte - 12. Serra San Bruno - 13. Sibari - 14. Gerace - 15. Catanzaro.
Secondo esercizio: 1. Più di due milioni – 2. Cinque – 3. Reggio Calabria – 4. 700 circa – 5. Reggio Calabria – 6 Basilicata

L'imperativo: senti, esci, ascolta, va' (vai), ordina, segui, usalo

I piatti di Tropea: i primi: lava, pulisci, devi, mettilo, toglilo, lavagli, taglialo, soffriggi, versa, cucinalo, aggiungi, fa' (fai), fa' (fai), salala, versa, cucinala, scolala, versala, cucina, servi.

L'arte a Tropea: la cupola del duomo 3 – la natività di Grimaldi 6 – l'annunziata 1 – il crocifisso nero 7 – l'altare di S. Alfonso 4 – il monumento ai caduti 2 – l'antico sedile 5.

Il paesaggio di Tropea: 1. Tirreno - Eufemia - Stromboli - cielo - bianco - tramonti - 2. porto - Leonardo - scoglio - giardino - sabbia - mare - scogliera - 3. rupe - colline - Angelo - croce.

Scrivi una cartolina da Tropea: naviga - chatta - mail - blog - digitale – Internet - PC – siti.

I pronomi relativi: 1. Chi - 2. che - 3. chi - 4. Chi - 5. che.

Le costruzioni verbali: 1F - 2B - 3D - 4A - 5C - 6E
Secondo esercizio: 1. a - 2. di - 3. a - 4. a - 5. a.

Il condizionale: 1.piacerebbe – 2.dovresti – 3. potremmo – 4. mangerei – 5.passeresti – 6.faresti

Gli autori

Antonio Libertino è un insegnante d'italiano per stranieri che ama le lingue e le culture, italiane e straniere. Proprio per questo ha conseguito il DITALS (certificato di competenza didattica dell'italiano a stranieri) e legge e parla l'inglese ed è stato alla Ferrero di Francoforte ad imparare il tedesco. Qui ha mangiato tre chili di nutella in tre mesi, ma non ha messo su troppo peso. Attualmente insegna l'italiano a stranieri di ogni nazionalità.

Giuseppe Meligrana è nato a Tropea nel 1982, dove vive e lavora dal 2006 come editore. Laureato nel 2004 in Scienze Politiche all'università di Bologna, è autore di diverse opere.

Altri libri di Antonio Libertino

I segreti della lingua italiana per stranieri – The secrets of the Italian language
Risveglia il tuo italiano! – Awaken Your Italian!
Parla l'italiano magicamente! – Speak Italian magically!
Pensa in italiano! – Think in Italian!

Altri libri di Giuseppe Meligrana

Giuseppe Meligrana e Alessandro Colace – Le antiche ricette di Tropea e dintorni
Giuseppe Meligrana e Elisabeth Leffler – Traditional recipes from Tropea and nearby
Giuseppe Meligrana e Bettina Rayer – Antike Rezepte aus Tropea und Umgebung

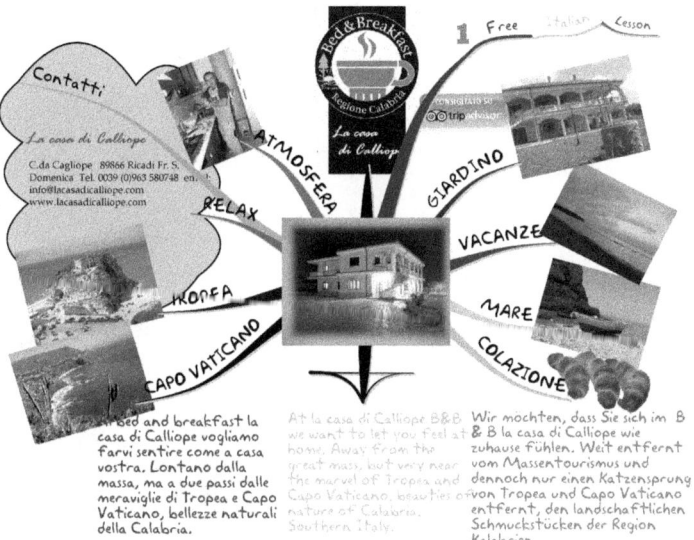

Bed and breakfast la casa di Calliope vogliamo farvi sentire come a casa vostra. Lontano dalla massa, ma a due passi dalle meraviglie di Tropea e Capo Vaticano, bellezze naturali della Calabria.

At la casa di Calliope B&B we want to let you feel at home. Away from the great mass, but very near the marvel of Tropea and Capo Vaticano, beauties of nature of Calabria, Southern Italy.

Wir mochten, dass Sie sich im B & B la casa di Calliope wie zuhause fühlen. Weit entfernt vom Massentourismus und dennoch nur einen Katzensprung von Tropea und Capo Vaticano entfernt, den landschaftlichen Schmuckstücken der Region Kalabrien.

www.ingramcontent.com/pod-product-compliance
Lightning Source LLC
Chambersburg PA
CBHW060819050426
42449CB00008B/1735